Les tables de multiplication

× 1

1 ×	1 =	1
1 ×	2 =	2
1 ×	3 =	3
1 ×	4 =	4
1 ×	5 =	5
1 ×	6 =	6
1 ×	7 =	7
1 ×	8 =	8
1 ×	9 =	9
1 ×	10 =	10

× 2

2 ×	1 =	2
2 ×	2 =	4
2 ×	3 =	6
2 ×	4 =	8
2 ×	5 =	10
2 ×	6 =	12
2 ×	7 =	14
2 ×	8 =	16
2 ×	9 =	18
2 ×	10 =	20

× 3

3 ×	1 =	3
3 ×	2 =	6
3 ×	3 =	9
3 ×	4 =	12
3 ×	5 =	15
3 ×	6 =	18
3 ×	7 =	21
3 ×	8 =	24
3 ×	9 =	27
3 ×	10 =	30

× 4

4 ×	1 =	4
4 ×	2 =	8
4 ×	3 =	12
4 ×	4 =	16
4 ×	5 =	20
4 ×	6 =	24
4 ×	7 =	28
4 ×	8 =	32
4 ×	9 =	36
4 ×	10 =	40

× 5

5 ×	1 =	5
5 ×	2 =	10
5 ×	3 =	15
5 ×	4 =	20
5 ×	5 =	25
5 ×	6 =	30
5 ×	7 =	35
5 ×	8 =	40
5 ×	9 =	45
5 ×	10 =	50

× 6

6 ×	1 =	6
6 ×	2 =	12
6 ×	3 =	18
6 ×	4 =	24
6 ×	5 =	30
6 ×	6 =	36
6 ×	7 =	42
6 ×	8 =	48
6 ×	9 =	54
6 ×	10 =	60

× 7

7 ×	1 =	7
7 ×	2 =	14
7 ×	3 =	21
7 ×	4 =	28
7 ×	5 =	35
7 ×	6 =	42
7 ×	7 =	49
7 ×	8 =	56
7 ×	9 =	63
7 ×	10 =	70

× 8

8 ×	1 =	8
8 ×	2 =	16
8 ×	3 =	24
8 ×	4 =	32
8 ×	5 =	40
8 ×	6 =	48
8 ×	7 =	56
8 ×	8 =	64
8 ×	9 =	72
8 ×	10 =	80

× 9

9 ×	1 =	9
9 ×	2 =	18
9 ×	3 =	27
9 ×	4 =	36
9 ×	5 =	45
9 ×	6 =	54
9 ×	7 =	63
9 ×	8 =	72
9 ×	9 =	81
9 ×	10 =	90

Grand jeu
un vélo à gagner tous les mois !
par tirage au sort

du 11 janvier 2018 au 31 mars 2019 inclus

Pour participer, c'est **très simple** !

● Inscrivez-vous sur le site **www.editions-bordas.fr/annee-de**
en complétant le formulaire de participation en ligne.

● **Plusieurs chances de gagner avec 1 tirage au sort chaque mois**
à compter de février 2018 jusqu'à mars 2019.

● Les **gagnants** seront **contactés par e-mail** dans un délai de 8 jours
suivant chaque tirage au sort.

L'année de CM1

Direction d'ouvrage

Alain Charles

▶ ▶ ▶ ▶ ▶ Cet ouvrage a été rédigé par une équipe de professeurs des écoles.

Françoise Blanchis
Thierry Zaba
Michelle Michalski
Michel Wormser
Ariel Benito
Véronique Anderson
Marie-Reine Bernard

*Illustrations : Christophe Caron (▶ Français), Philippe Bucamp (▶ Maths),
Denise Chabot, Hélène Fuggetta, Frédérique Vayssières (▶ Histoire, Géographie, EMC,
Histoire des arts),
Vincent Landrin (▶ Sciences et technologie),
Frédérique Vayssières (▶ Anglais),
Guillaume Trannoy (▶ Code informatique), Mathilde Laurent (▶ Frise historique)*

La réforme 2016 en un coup d'œil

Une répartition des apprentissages en 4 nouveaux cycles

Cycle 1
Apprentissages premiers
École maternelle

→

Cycle 2
Apprentissages fondamentaux
CP/CE1/CE2

→

Cycle 3
Consolidation
CM1/CM2/6ᵉ

→

Cycle 4
Approfondissements
5ᵉ/4ᵉ/3ᵉ

Un nouveau socle commun

Le socle commun est un texte fondateur qui précise le niveau de connaissances et d'apprentissages requis et sur lequel s'appuient tous les programmes de la scolarité. Il s'articule autour de **5 domaines** :
- Les langages pour penser et communiquer
- Les méthodes et outils pour apprendre
- La formation de la personne et du citoyen
- Les systèmes naturels et les systèmes techniques
- Les représentations du monde et l'activité humaine

Les objectifs prioritaires du CM1 : Français et Maths

- La maîtrise de la langue française : **langage oral**, **lecture** et **écriture**.

- La connaissance et la compréhension des **grands nombres**, fractions et nombres décimaux ; de **grandeurs et mesures** ; de **représentations géométriques**, le tout dans le grand optique de **résolution de problèmes**.

Les grands principes de la réforme au cycle 3

- De **nouveaux programmes par matière**, plus progressifs et plus cohérents, articulés au socle commun ; ils assurent la stabilisation des connaissances et des compétences fondamentales.
- Une **meilleure transition** entre l'école primaire et le collège grâce à une continuité pédagogique.
- Un **nouvel enseignement** moral et civique pour tous les élèves (rentrée 2015).
- Un **plan numérique** en déploiement progressif (2016/2018).
- Un **lien accru entre l'école et les familles** se traduisant par la création d'un espace dédié à la relation **avec les parents** pour aborder les problèmes de décrochage scolaire, orientation, aide aux devoirs, etc.

Les autres matières en CM1

- **Langue vivante** : Les élèves développent un usage plus assuré et plus efficace d'une langue, tant à l'**oral** qu'à l'**écrit**. L'accent est mis sur la culture et le mode de vie d'autres pays.

- **Histoire et géographie** : Les élèves poursuivent la construction de leur rapport au **temps et à l'espace**. Ils apprennent à distinguer histoire et fiction.

- **Enseignements artistiques** : Les arts plastiques conduisent les élèves à développer leur sensibilité, leur potentiel d'invention et de création. En éducation musicale, ils poursuivent le travail de la perception et de la production. L'histoire des arts donne à l'élève des clés pour analyser, comprendre et apprécier diverses œuvres.

- **Enseignement Moral et Civique** : Les élèves développent la compréhension de la **règle** et du **droit**. Ils réfléchissent au sens de l'**engagement** et travaillent sur le **vivre-ensemble**.

- **Éducation Physique et Sportive** : Elle renforce le sens de l'effort et de la persévérance et l'élève apprend à veiller sur sa santé.

- **Sciences et technologie** : Les élèves acquièrent des capacités à **observer**, **décrire** et **expliquer**.

La réforme de l'orthographe

Une **nouvelle réforme de l'orthographe** doit également s'appliquer à partir de la **rentrée 2016**.

Dans cet ouvrage, destiné à l'usage des familles, à la maison, nous n'appliquons pas encore les changements recommandés. Ceux-ci étant progressivement mis en pratique dans le cadre scolaire.

Sommaire
CM1

10 dictées

+ et tous les corrigés dans le livret Parents détachable

D'autres outils pédagogiques :
- Les temps à connaître en CM1
- Les tables de multiplication
- Une frise historique
- Une carte de l'Europe
- **+** D'autres dictées à écouter sur www.annee-de.fr

Français

+ ● des **Dictées** dans le livret parents

● un **tableau de conjugaison** en début d'ouvrage

● un **bilan** page 184

1 Lire un récit

Savoir

Pour comprendre un récit, il faut bien identifier les **personnages**, le **moment** et le **lieu** de l'histoire ainsi que la **chronologie**.

Une belle peur

Élisabeth traversa le jardin en courant, gravit l'escalier et glissa merveilleusement sur les patins de feutre jusqu'à sa chambre. Il y faisait plus sombre que dehors. Elle tourna le commutateur[1]. Une lumière vive l'éblouit. Elle allait s'avancer vers l'armoire quand son cœur se crispa et ses jambes fléchirent. Muette d'horreur, elle considérait fixement le mur, en face d'elle. Dans ce désert de plâtre, une énorme araignée noire s'étalait comme une tache d'encre aux prolongements filiformes[2]. Les poils même de ses pattes se détachaient avec une netteté affreuse sur le fond blanc. Accroupie sur ses huit membres pliés, elle était prête à trotter, à bondir. Élisabeth sentit sur sa peau la galopade légère du monstre. Un frisson la chatouilla dans la région des reins. Elle poussa une clameur[3] folle…

Henri Troyat, *Les Eygletières*, Flammarion, 1965.

1. le commutateur : l'interrupteur.
2. filiformes : minces comme un fil.
3. une clameur : un cri.

Savoir faire

● **Dégager les éléments principaux**

1. Identifie les personnages : Élisabeth, l'araignée.

2. Repère le moment et le lieu de l'histoire : pendant la journée ; dans une chambre.

3. Définis le sujet de l'histoire (l'action principale) : la rencontre entre une fillette et une énorme araignée.

● **Trouver la progression dans le récit**

Les différentes actions d'un récit permettent à celui-ci d'évoluer de façon **logique**.

Élisabeth traverse le jardin,	elle monte l'escalier,
1	2
elle glisse sur des patins jusqu'à sa chambre,	elle allume la lumière…
3	4

Français

Maths

Hist.-Géo – EMC
Histoire des arts

Sciences
et technologie

Anglais

Évaluations

Code
informatique

Faire

1 ★
Lis ce récit, puis coche le titre qui correspond le mieux au texte.

Je m'évalue
☐☐☐

C'était une nuit sans lune. Élise et Aurèle marchaient avec prudence le long du fleuve, une lampe électrique à la main. Soudain, au loin, un chien aboya. Tout près, un bruit furtif les fit sursauter. Intrigués, les enfants se dirigèrent vers un buisson. Là, ils découvrirent, tremblant de peur et de froid, Filou, leur chatte disparue. Aurèle se précipita vers elle et l'observa attentivement : elle portait un collier étrange. Que s'était-il passé depuis sa disparition ?

❑ Promenade au clair de lune
❑ À la recherche de Filou
❑ Deux enfants égarés

2 ★★
Réponds aux questions.

Je m'évalue
☐☐☐

a. Quels sont les personnages de ce récit ?

....

b. Où et quand se passe cette histoire ?

....

3 ★★
Réponds aux questions suivantes.

Je m'évalue
☐☐☐

Voici des moments de l'histoire écrits à l'aide de verbes à l'infinitif.
a. Numérote-les dans l'ordre où ils se sont déroulés.

❑ se précipiter ❑ découvrir ❑ marcher ❑ aboyer ❑ se diriger ❑ observer.

b. Grâce à quoi les enfants retrouvent-ils leur chatte ?

❑ son collier ❑ l'aboiement du chien ❑ un léger bruit dans le buisson

c. Qu'est-ce qui intrigue les enfants à la fin de l'aventure ?

....

4 ★★★
Voici une suite de ce récit. Indique, entre les parenthèses, ce que remplace chaque pronom souligné.

Je m'évalue
☐☐☐

Aurèle la (........................) souleva avec précaution. Les yeux fixes, elle (..............................) ne bougeait pas. Alors, il (........................) la (..............................) caressa tendrement.
Élise s'approcha. Elle (........................) examina le collier. Celui-ci (..............................) portait une inscription à demi effacée. Elle (........................) essaya vainement de la (..............................) déchiffrer.

2 Écrire la suite d'un récit

Savoir

Dans une suite de récit, plusieurs éléments sont conservés :
• les **personnages**, le **moment**, le **lieu** et l'**action** ;
• les **temps** et les **personnes** de conjugaison.
Des **éléments nouveaux** doivent être introduits pour permettre à l'histoire d'évoluer puis de se terminer.

Exemple : Une suite du texte « Une belle peur » (p. 6).

Élisabeth, malgré son cri désespéré, ne bougea pas. La vue de l'araignée, qu'elle trouvait gigantesque, la paralysait. La bête continua à monter sur le bras crispé puis s'arrêta brusquement. De longues minutes passèrent ainsi.
Soudain, l'arrivée de Gaspard, le chat de la maison, mit fin à cette terrible attente. Il bondit, toutes griffes dehors, vers l'araignée qui se sauva sous l'armoire. Un long soupir de soulagement s'échappa alors des lèvres d'Élisabeth. Elle était sauvée !

On reprend l'**action** (elle poussa une clameur…).

On emploie les **mêmes temps** (passé simple, imparfait).

On garde les **personnages** (mêmes personnes de conjugaison).

On introduit deux **événements** nouveaux.

On **termine** l'histoire.

Savoir faire

● **Ménager le suspense dans un récit**

1. Écris des phrases contenant des verbes d'action.
La bête continua à monter… ; Il bondit…

2. Utilise des mots « forts » qui augmentent le suspense.
Son cri désespéré ; cette terrible attente…

3. Choisis des mots de liaison pour faire progresser le récit.
alors, puis, ensuite, finalement, soudain…

● **Éviter les répétitions par l'emploi de pronoms ou de synonymes**

L'emploi de pronoms ou de synonymes permet d'éviter les répétitions.
Elisabeth → elle
L'araignée → la bête
Gaspard → le chat de la maison, il

Faire

Je m'évalue
☐☐☐

1★
Lis ce texte puis réponds à la question.

On était au début du printemps. Ce jour-là, comme d'habitude, j'avais poussé le portillon de mon jardin pour aller respirer l'air des pins. J'étais seul quand la chose arriva.
D'abord, dans les fougères sèches un bruissement furtif et rapide. Je m'arrête net, songeant à une vipère… Non, j'ai beau regarder, pas de vipère. Et de nouveau les fougères tressaillent…

Maurice Genevoix, *Routes de l'aventure*, Presses de la Cité, 1980.

Souligne le titre qui conviendrait le mieux à cette histoire.

Promenade printanière   Rencontre avec une vipère

Mystère dans les fougères   Dangereuse promenade   Une inquiétante vipère

Je m'évalue
☐☐☐

2★★
Réponds aux questions suivantes par des phrases précises et correctes.

a. À quel moment de l'année se passe l'histoire ? ....

b. Où se déroule l'action du récit ? ....

c. Quel est le personnage principal ? ....

d. Quel élément inquiète le narrateur ? ....

....

Je m'évalue
☐☐☐

3★★★
Lis cette suite imaginée de l'histoire ci-dessus.

Je m'éloigne alors songeant à quelque animal dangereux. Mais effrayé je me retourne souvent pour surveiller les broussailles vertes. Quel monstre s'y cache donc ?
Soudain, les longues feuilles recommencent à s'agiter. Cette fois-ci, terrifié, je m'apprête à fuir à toutes jambes… quand j'entends un bruit étrange. Poussé par la curiosité, je me dirige alors vers le mystérieux feuillage. Je me saisis d'une lourde branche, écarte fermement les tiges suspectes et découvre…

a. Relève toutes les expressions qui désignent « les fougères » :

....

b. Relève cinq mots « forts » qui maintiennent le suspense :

dangereux, ...

Je m'évalue
☐☐☐

4★★★
Écris, sur ton cahier, une suite en imaginant ce que l'enfant découvre dans les fougères
(un lièvre caché, une couvée d'oisillons, son chien qui le suit, un chaton apeuré…).

Maths

Hist.-Géo – EMC
Histoire des arts

Sciences
et technologie

Anglais

Évaluations

Code
informatique

3 Lire un texte descriptif

Savoir

Un **texte descriptif** contient des éléments qui permettent de représenter par écrit ce que l'on voit.

Dans le train

Il y avait trois personnes qui, comme moi, se trouvaient dans le train depuis le départ de la ligne. La première, une dame aux traits ravagés, ni jeune, ni jolie, [...], portait un pardessus de coupe masculine et un chapeau de feutre ; elle causait avec un homme d'une quarantaine d'années qui parlait sans cesse, très soigné de sa mise et entièrement vêtu de neuf. Enfin, la troisième personne, un homme de taille moyenne, aux gestes saccadés[1] et qui semblait vouloir se tenir à l'écart des autres, avait un visage jeune encore avec des cheveux prématurément blanchis[2] et des yeux particulièrement brillants continuellement en mouvement ; ses vêtements portaient la marque du bon tailleur, mais étaient assez usagés. Ce personnage avait encore un trait particulier : il faisait entendre, de temps à autre, des bruits étranges, ressemblant à une quinte de toux[3] ou à un éclat de rire brusquement interrompu.

Léon Tolstoï, *La Sonate à Kreutzer,* Gallimard, 1974.

1. **saccadés** : brusques et répétés.
2. **prématurément blanchis** : blancs malgré son jeune âge.
3. **quinte de toux** : une toux répétée plusieurs fois de suite.

Savoir faire

● Étudier un texte descriptif

1. **Situe** l'histoire : elle se passe dans un train.

2. **Repère** les éléments principaux : les personnages, les objets.

3. **Relève** les détails permettant de les identifier.

Le groupe nominal « des cheveux prématurément blanchis » donne des précisions sur le troisième personnage du texte.

● Lire une longue phrase

Il faut marquer un **temps d'arrêt** à chaque signe de ponctuation (, ; :) pour reprendre son **souffle** et bien comprendre le **sens** de la phrase.

La première, / une dame aux traits ravagés, / ni jeune, / ni jolie, / portait un pardessus de coupe masculine...

Français

Maths

Hist.-Géo – EMC
Histoire des arts

Sciences
et technologie

Anglais

Évaluations

Code
informatique

1★ *Je m'évalue*
Combien y a-t-il de personnages décrits dans le texte « Dans le train » ? Réponds par une phrase.

....

2★ *Je m'évalue*
Qui sont ces personnages ? (Coche la case qui convient.)

❏ 1 homme et 2 femmes. ❏ 2 hommes et 1 femme. ❏ 3 femmes.

3★★ *Je m'évalue*
Relie chaque détail au personnage correspondant.

un pardessus •

un chapeau •   • la femme

bavard •

vêtu de neuf •   • le premier homme
                                  présenté dans le texte
des yeux brillants •

des traits ravagés •

très soigné •   • le deuxième homme
                                  présenté dans le texte
une taille moyenne •

4★★ *Je m'évalue*
Retrouve les noms du texte auxquels se rapportent les adjectifs suivants.

Ex. : étranges → bruits.

blanchis → .... particulier → ....

usagés → .... saccadés → ....

masculine → .... ni jeune, ni jolie → ....

5★★★ *Je m'évalue*
Réponds à ces questions.

a. De combien de phrases le texte de la page de gauche est-il composé ? ....
b. Indique par des traits obliques (/) les endroits où tu peux reprendre ton souffle dans les phrases ci-dessous. Lis ensuite ces phrases à voix haute.

• Il y avait trois personnes qui, comme moi, se trouvaient dans le train depuis le départ de la ligne.

• Ce personnage avait encore un trait particulier : il faisait entendre, de temps à autre, des bruits étranges, ressemblant à une quinte de toux ou à un éclat de rire.

• Enfin, la troisième personne, un homme de taille moyenne, aux gestes saccadés et qui semblait vouloir se tenir à l'écart des autres, avait un visage jeune encore avec des cheveux prématurément blanchis et des yeux particulièrement brillants continuellement en mouvement ; ses vêtements portaient la marque du bon tailleur, mais étaient assez usagés.

4) Décrire un personnage

OBJECTIF • Dresser un portrait en utilisant un vocabulaire riche, précis et varié

Savoir

● **Les deux aspects d'un portrait**

Le portrait d'une personne ou d'un animal comporte deux aspects :
l'aspect physique et l'aspect moral.

● **L'aspect physique** : son allure générale, son visage, ses vêtements…
● **L'aspect moral** : son caractère, ses goûts, ses manies…

… un homme de taille moyenne…
↑
portrait physique

… qui semblait vouloir se tenir à l'écart des autres…
↑
portrait moral (personne discrète)

● **Les traits particuliers**

Les traits particuliers sont des **éléments précis**
ou des **détails** qui permettent de reconnaître
le personnage.

Des cheveux prématurément blanchis…
↑
aspect physique inhabituel

… il faisait entendre des bruits étranges…
↑
manie particulière

Savoir faire

● **Éviter les verbes d'usage courant**

Évite le plus possible l'emploi des verbes **être** et **avoir** en choisissant des
verbes mieux adaptés à la situation.
Il **avait** un chapeau. ➜ Il **portait** un chapeau.

● **Utiliser des adjectifs précis**

Emploie des adjectifs qualificatifs précis pour mieux décrire l'aspect
physique ou moral.
des traits **ravagés** (plutôt que **vieillis**) ;
des gestes **saccadés** (plutôt que **brusques et répétés**).

Faire

Je m'évalue
☐ ☐ ☐

1★
Relie chaque élément à l'aspect qui lui correspond.

jeune et jolie ●

vêtements usagés ●

bavard ●

regard intelligent ●

● aspect physique ●

● aspect moral ●

● nez aplati

● air têtu

● visage ridé

● taille moyenne

Je m'évalue
☐ ☐ ☐

2★★
Souligne les passages qui apportent des précisions sur les mots en gras.

Ex. : Il se coiffe d'un chapeau noir <u>usé par le temps</u>.

Il porte une **veste** trop grande pour lui. Son **visage** est beau mais marqué par une profonde cicatrice. Ses **yeux**, de couleur marron, ont la forme d'une amande. Une **barbe** grise encadre ses **joues** creusées par le temps.

Je m'évalue
☐ ☐ ☐

3★★
Réécris chaque phrase en employant le verbe qui peut remplacer *avoir* ou *être*.
Utilise les verbes : *porter – encadrer – s'habiller – paraître*.

Thibaut a un chapeau noir. → ....

Il a des vêtements clairs. → ....

Ses cheveux sont autour de son visage. → ....

Il est fatigué. → ....

Je m'évalue
☐ ☐ ☐

4★★
Entoure l'adjectif entre parenthèses qui convient le mieux pour remplacer l'adjectif souligné.

Elle a des <u>petites</u> mains.
(étroites – minces – fines)

Sara a un <u>grand</u> cœur.
(immense – long – généreux)

Il a une <u>belle</u> allure.
(sérieuse – distinguée – sympathique)

Il porte une <u>petite</u> moustache.
(étroite – légère – menue)

Ce boxeur a de <u>grandes</u> épaules.
(hautes – épaisses – larges)

Victor a un <u>beau</u> costume.
(joli – agréable – élégant)

Je m'évalue
☐ ☐ ☐

5★★★
En t'aidant des rubriques *Savoir* et *Savoir faire*, fais le portrait d'une personne connue ou imaginaire.

Titre → ....

....

....

....

....

Maths

Hist.-Géo – EMC
Histoire des arts

Sciences
et technologie

Anglais

Évaluations

Code
informatique

5 Les temps du récit

OBJECTIF • Distinguer dans un récit les temps de la narration et de la description

Savoir

Pour faire une bonne lecture d'un **récit**, il est nécessaire de bien connaître l'usage de l'**imparfait** et du **passé simple**.

Il **approchait**, lent, avec un son sourd, bien martelé, répercuté par les planchers anciens. Il **entra**, au bout d'un temps qui nous parut interminable, dans le chemin éclairé.

Il **était** presque blanc, gigantesque : le plus grand nocturne que j'aie vu, un grand-duc plus haut qu'un chien de chasse. Il **marchait** emphatiquement[1], en soulevant ses pieds noyés de plumes, ses pieds durs d'oiseau qui **rendaient** le son d'un pas humain. Le haut de ses ailes lui **dessinait** des épaules d'homme, et deux petites cornes de plumes, qu'il **couchait** ou **relevait**, **tremblaient** comme des graminées[2] au souffle d'air de la lucarne.

Il **s'arrêta, se rengorgea**[3] tête en arrière, et toute la plume de son visage magnifique **enfla** autour d'un bec fin et de deux lacs d'or où se baigna la lune. Il **fit** volte-face, **montra** son dos tavelé[4] de blanc et de jaune très clair. […] Il **devina** sans doute notre présence, car il […] **gagna** la lucarne, **ouvrit** à demi des ailes d'ange, **fit** entendre une sorte de roucoulement de neige et d'argent.

Colette, *La Maison de Claudine*, © Librairie Arthème Fayard 2004.

1. emphatiquement : majestueusement.
2. graminées : des plantes comme le blé, l'orge, l'avoine.
3. se rengorgea : fit le fier.
4. tavelé : tacheté.

Savoir faire

🔴 **Comprendre l'emploi de l'imparfait et du passé simple dans un récit**

🟢 L'**imparfait** (verbes **en bleu**) est utilisé pour **décrire** un personnage, un paysage ou pour évoquer des actions qui durent dans le temps.
Exemple : Dans le 2e paragraphe, l'auteur **décrit** l'oiseau de nuit. Les verbes sont à l'**imparfait**.

🟢 Le **passé simple** (verbes **en rouge**) est employé pour des actions **soudaines**, **limitées** dans le temps, qui souvent **se succèdent**. C'est le temps de la **narration**.
Exemple : Dans le 3e paragraphe, l'oiseau **agit** : il s'arrête, se rengorge, enfle…Les actions sont **soudaines**, elles **se succèdent** et sont **limitées dans le temps**.

1★
Lis le texte suivant et réponds aux questions.

Je m'évalue ☐☐☐

C'était une claire journée d'octobre. Le temps, encore doux de la veille, devenait plus frais. Un léger vent d'est soulevait du sol les feuilles déjà jaunies. Les pommes continuaient à tomber et dessinaient sur la pelouse des figures bizarres. Sophie mit ses bottes, se dirigea vers l'abri de jardin et suspendit à son bras le grand panier d'osier. Elle ramassa les pommes une à une et en emplit son panier. Elle retourna vers la cuisine.

a. Retrouve les deux parties de ce texte :
La partie descriptive : de .... à ....
La partie narrative : de .... à ....

b. Relève les verbes conjugués de la partie descriptive. À quel temps sont-ils employés ?
....
....

c. Relève les verbes conjugués de la partie narrative. À quel temps sont-ils employés ?
....
....
....

2★★
Dans le texte ci-dessous, il y a des parties descriptives et des parties narratives. Barre les verbes entre parenthèses qui ne conviennent pas. Relis ton texte.

Je m'évalue ☐☐☐

C'était une nuit sans lune. Corentin (**guettait, guetta**) l'horizon depuis déjà longtemps. Des mouettes rieuses et des goélands (**survolaient, survolèrent**) la plage désertée. Le vent (**soufflait, souffla**) en rafales et le mauvais temps (**menaçait, menaça**). Soudain, il (**apercevait, aperçut**) une voile près du phare de Bétué. Celui-ci l'(**éclairait, éclaira**) un instant puis l'océan (**redevenait, redevint**) sombre. Brusquement, un cri perçant (**retentissait, retentit**) dans l'obscurité. Les oiseaux de mer (**s'envolaient, s'envolèrent**) aussitôt. Corentin (**se saisissait, se saisit**) alors des jumelles et (**découvrait, découvrit**) stupéfait au loin la coque éventrée d'un voilier.

3★★★
Recopie le texte suivant en utilisant l'imparfait et le passé simple. Sépare par un trait (/) la partie descriptive et la partie narrative. Relis ton texte.

Je m'évalue ☐☐☐

C' (**être**) une nuit noire. Dans le parc, on ne (**distinguer**) rien. À la lueur d'une lampe torche, Florian et sa sœur (**marcher**) lentement et (**observer**) les buissons qui les (**entourer**). Soudain, leur petit chien Athos (**aboyer**) très fort et (**se diriger**) du côté droit. Les deux enfants (**se précipiter**) vers Athos et (**voir**) un renardeau blessé. Ils le (**prendre**) et le (**transporter**) jusqu'à la maison du gardien.

....
....
....
....
....

Maths

Hist.-Géo – EMC
Histoire des arts

Sciences
et technologie

Anglais

Évaluations

Code
informatique

6 Écrire un événement vécu

 **Savoir**

Un événement vécu (une histoire réelle), comprend :
- le **lieu** et le **moment** où se déroule l'événement ;
- les **personnages** ;
- les différentes actions de l'histoire.

Drôle d'oiseau

Ce matin, pendant la dictée, **un oiseau** est entré **dans la classe** en passant par une fenêtre entrouverte. **Il** a survolé le bureau pour se poser ensuite sur le rebord du tableau. *En premier*, *les élèves*, **surpris**, se sont exclamés bruyamment *puis*, sur les recommandations de *la maîtresse*, ils se sont tus, tout **heureux**, en observant **la boule de plumes** qui venait d'interrompre la dictée.

Certains élèves murmuraient qu'ils voulaient **l'**attraper pour le garder dans la classe, d'autres cherchaient déjà à lui donner un nom. *Bientôt* l'enseignante ordonna qu'on ouvre toutes les fenêtres. *Aussitôt* **le moineau** s'envola à tire-d'aile vers sa liberté … laissant les élèves, **déçus**, à leur dictée !

 **Savoir faire**

⬤ **Raconter un fait réel de façon vivante**

● **Fais évoluer l'histoire**

Pour lier les différentes étapes de ton histoire, utilise **des mots de liaison précis** qui permettent l'**évolution logique** de ton récit : *en premier, puis, bientôt, aussitôt*.

● **Exprime les sentiments des personnages**

Lorsque tu racontes un événement vécu (ou que tu aurais pu vivre), tu dois expliquer les faits mais aussi **exprimer les sentiments** des différents personnages : **surpris**, **heureux**, **déçus**.

● **Évite les répétitions par l'emploi de synonymes et de pronoms**

Tu dois éviter de **répéter** plusieurs fois le même mot pour désigner les personnages. Pour cela utilise des **synonymes** ou des **pronoms**.

Par exemple, pour éviter de répéter le mot **oiseau**, on a employé **la boule de plumes** et **le moineau** . On a aussi utilisé les pronoms **il** (**Il** a survolé le bureau…) et **l'** (ils voulaient **l'**attraper…).

Français

Maths

Hist.-Géo – EMC
Histoire des arts

Sciences
et technologie

Anglais

Évaluations

Code
informatique

1★ Les phrases ci-dessous constituent les étapes d'un récit écrit dans le désordre. Numérote-les dans l'ordre de l'histoire en t'aidant des mots de liaison en italique.

Je m'évalue

☐ ☐ ☐

☐ *Dès le début du film,* je serrai les lèvres et crispai mes mains.

☐ *Mais bientôt* je ris aux éclats en découvrant les grains de maïs à mes pieds !

☐ *En arrivant,* nous avons acheté deux cornets de pop-corn.

☐ *Aussitôt,* je hurlai de peur en me levant brusquement.

☐ *Hier soir,* je suis allée au cinéma avec mon jeune frère Tom voir un film à suspense.

☐ *Soudain,* Tom fit tomber brutalement son cornet sur mes genoux.

2★★ Remplace « le chat » par un des synonymes ou pronoms suivants : *la boule de poils – le chaton – le fauve – le chasseur – il – celui-ci.*

Je m'évalue

☐ ☐ ☐

Inconscient, un merle se pose sur le muret du jardin. Un jeune chat, tapi dans l'herbe, l'observe. *Le chat* (...) s'approche lentement de sa proie. Silencieux, *le chat* (...) rampe sur la pelouse. Mais le cri d'un enfant fait brusquement s'envoler l'oiseau laissant *le chat* (...) tout penaud.

3★★ Choisis le mot qui convient pour exprimer un sentiment : *inquiet – fatigué – surpris – attentif – intrigué – courageux – furieux.*

Je m'évalue

☐ ☐ ☐

a. ...., l'élève écoute la nouvelle leçon.

b. ...., l'enfant ouvre le vieux coffre de son grand-père.

c. ...., le passant plongea dans la rivière pour aider le nageur imprudent.

d. .... par l'étrange bruit, il sursauta.

e. ...., mon père claqua la porte et sortit en hurlant.

f. ...., il téléphone aux urgences.

g. ...., le chien se coucha sur l'épais tapis et s'endormit aussitôt.

4★★★ Imagine une suite à cette histoire en reprenant les mêmes personnages, en évitant les répétitions, et en exprimant les sentiments éprouvés.

Je m'évalue

☐ ☐ ☐

Dans la cour de récréation, Julie et Alex jouent au ballon. Soudain Alex lance la balle si fort qu'elle se coince entre deux branches d'un tilleul. Julie essaie de la déloger en lançant sa chaussure qui, malheureusement, reste bloquée, tenant compagnie à la balle ! Julie est furieuse ! À cet instant, Alex…

....

....

....

....

7 Améliorer un texte

OBJECTIF • Enrichir un texte en employant des mots précis et en amplifiant les phrases

Savoir

Pour **améliorer** un **texte**, le rendre plus vivant, plus riche, plus agréable à lire, il existe différents procédés :
- choisir un vocabulaire **plus élaboré** et **mieux adapté**,
- ajouter des mots qui donnent des **précisions supplémentaires,**
- **mettre en valeur** certains mots que l'on juge importants.

Savoir faire

● **Enrichir un texte**

1. Remplace les verbes **courants** (avoir, voir…) et la tournure « **Il y a** » par des **verbes précis**.

Elle **a** une longue chevelure blonde. → Une chevelure blonde **encadre** son visage.
On **voit** un chemin devant la grille. → Un chemin **mène** à la grille.
Il y a des coquelicots dans le jardin. → Des coquelicots **poussent** dans le jardin.

2. Emploie un vocabulaire **plus riche**.
De **gros** nuages **noirs** sont dans le ciel.
→ De **lourds** nuages **obscurcissent** le ciel.

3. Enrichis et **équilibre** les phrases avec des **adjectifs qualificatifs** et des **compléments**.
Des oiseaux migrateurs survolent la forêt.
→ **Au loin**, des oiseaux migrateurs survolent la forêt **noyée de brumes matinales**.

4. Choisis des mots **justes**.
L'enfant est réveillé par le **bruit** d'une portière de voiture.
→ L'enfant est réveillé par le **claquement** d'une portière de voiture.

5. Place des mots importants en début de phrase ou entre deux virgules.
Inquiet, l'enfant s'approcha de la fenêtre.
→ L'enfant, **inquiet**, s'approcha de la fenêtre.

Maths

Hist.-Géo – EMC
Histoire des arts

Sciences
et technologie

Anglais

Évaluations

Code
informatique

1★

Je m'évalue

Relie chaque phrase au verbe qui peut remplacer le verbe *être*.

Le château <u>est</u> sur la colline ●   ● parsemer

Un vase blanc <u>est</u> sur la table ●   ● dominer

Une voie ferrée <u>est</u> à côté du fleuve ●   ● orner

Les feuilles mortes <u>sont</u> sur la pelouse ●   ● longer

2★★

Je m'évalue

Mets en valeur les adjectifs soulignés comme dans l'exemple :

Ex. : Une pluie <u>fine et continue</u> tombe à verse.
→ <u>Fine et continue</u>, la pluie tombe à verse.

Un jeune cheval <u>fougueux</u> galopait dans la prairie.

→ ....

Le tigre <u>agile et silencieux</u> guettait sa proie.

→ ....

3★★

Je m'évalue

Recopie les expressions en remplaçant *bruit* par le mot juste : *le grincement – le vrombissement – le crépitement – le vacarme.*

le bruit d'un moteur : ....   le bruit d'une porte rouillée : ....

le bruit d'un feu de bois : ....   un très grand **bruit** : ....

4★★

Je m'évalue

Remplace l'expression « Il y a » par les mots qui conviennent : *broutent – décorent – se dressent – sont posés*. Recopie les phrases.

Il y a des peupliers près du lavoir. *Il y a* deux bols sur le guéridon. *Il y a* des vaches dans le pré. *Il y a* quelques anciens tableaux sur le mur.

....

....

....

5★★★

Je m'évalue

Sur une feuille, recopie ce texte en ajoutant un adjectif qualificatif aux noms en gras. Choisis parmi la liste suivante : *ensoleillé – désert – premier – multicolore – fort – éphémère – affamé – vieux – habile – patient – fin – léger*. Fais les accords nécessaires.

C'est une **matinée** de juillet. Sur la **plage**, les **parasols** apparaissent. Des **vagues** se brisent sur les rochers. Quelques enfants jouent au ballon tandis que d'autres construisent des **châteaux**. Des **goélands** survolent attentivement le sable. Au loin, sur la jetée du **port**, un **pêcheur** prépare son matériel. Des **voiliers** s'éloignent tranquillement vers le large.

8 Le dictionnaire

Savoir

● Qu'est-ce qu'un dictionnaire ? À quoi sert-il ?

● Le dictionnaire est un recueil de mots classés par **ordre alphabétique**. Il renseigne sur la **définition** précise d'un mot en donnant un **exemple**, son **orthographe**, sa **nature**, sa **classe** (nom, verbe, adjectif, …), son **genre** (féminin, masculin), ses différents **sens** éventuels.

Des **connaissances** précises →

L'**étymologie** (l'origine)

Le **niveau de langue** (familier)

Les **différents sens** du mot

Les **expressions** avec le mot

> **HIRONDELLE** n.f. (lat. *hirundo*). **1.** Oiseau passereau à dos noir, à ventre blanc et à queue échancrée, qui capture les insectes au vol. (Les hirondelles migrent des régions tempérées vers les tropiques en automne et reviennent en mars-avril. Cri : l'hirondelle gazouille ou trisse ; genre *Hirundo*, famille des hirundinidés.) **2.** *Fam.*, anc. Agent de police cycliste. **3.** *Fam.*, vieilli. Resquilleur dans les théâtres, les cocktails, etc. **4.** *Hirondelle de mer* : sterne. — *Hirondelle des marais* : glaréole. **5.** *Nid d'hirondelle* : nid de la salangane, que cet oiseau fabrique en régurgitant du jabot une substance gélatineuse provenant des algues absorbées, constituant un mets très apprécié des Chinois.

Le Petit Larousse, 2015.

Savoir faire

● Comprendre les abréviations

● Dans la plupart des dictionnaires, tu trouves des **abréviations**. Il faut connaître leur **signification** pour les utiliser correctement.
Fam. : signifie « dans le langage familier ». Lat. : signifie « en latin ».

● Utiliser un dictionnaire encyclopédique (dictionnaire contenant des connaissances approfondies sur les mots)

● Certains dictionnaires te fournissent des **informations** complémentaires sur un mot. Ils t'apportent des connaissances et te permettent de comprendre des **expressions** anciennes ou spécifiques.

● Dans l'article ci-dessus, on apprend que l'hirondelle **gazouille** ou **trisse**, qu'elle **migre** des régions tempérées vers les tropiques en automne, qu'elle appartient à la famille des hirundinidés.

● L'expression « **hirondelle des mers** » est le nom usuel que l'on donne à la **sterne** (oiseau aux pieds palmés, cousin des mouettes, vivant le long des côtes.)

1★ Recherche la signification de ces abréviations que l'on peut trouver dans un dictionnaire.

Je m'évalue ☐☐☐

n. f. : ....

n. m. : ....

anc. : ....

v. : ....

inv. : ....

contr. : ....

pl. : ....

syn. : ....

adj. : ....

pron. : ....

2★★ Réponds à ces questions sur l'extrait de dictionnaire concernant le mot « hirondelle ».

Je m'évalue ☐☐☐

a. Quelle expression désigne la glaréole (oiseau aux longues pattes vivant dans les marais) ?

....

b. Que mangent les Chinois ? ....

c. De quoi se nourrissent les hirondelles ? ....

d. Quels sont les deux sens familiers du mot « hirondelle » ? ....

3★★★ Observe cet extrait de dictionnaire puis réponds aux questions.

Je m'évalue ☐☐☐

indifférent **adj.** **1.** *La destinée de ces peuplades m'est indifférente*, elle ne m'intéresse pas. *Que tu partes ou que tu restes, cela m'est indifférent*, cela m'est égal. **2.** Qui n'est ému par rien ni personne.

indigène **adj.** Qui est né dans le pays dont on parle. → **autochtone.** *Cet étranger trouve que la population indigène est très accueillante.* — **N.** *Les indigènes d'Australie.*

indigent **n. m.,** **indigente** **n. f.** Personne très pauvre. *Elle organise une collecte pour les indigents.*

▶ **indignation** **n. f.** Colère contre une chose révoltante. *Yves est rempli d'indignation devant ceux qui maltraitent les animaux.*

indigner **v.** (conjug. 1) Révolter. *Ces massacres d'animaux nous ont indignés.* → **scandaliser.** — *Elle s'est indignée devant sa malhonnêteté.*

indigeste **adj.** Difficile à digérer. → **lourd.** *Cette cuisine à l'huile est très indigeste.* ‖ contr. **digeste** ‖

indigne **adj.** **1.** *Cet homme est indigne de notre confiance*, il ne la mérite pas. ‖ contr. **digne** ‖ **2.** *Ce travail lui paraissait indigne de lui*, il le trouvait méprisable. **3.** *Ils ont commis un acte indigne*, révoltant, odieux.

indigo **adj. inv.** Bleu foncé. ⇒ planche Couleurs p. 235. *Des vestes indigo.*

a. Cite un synonyme d' « indigner » : .... d' « indigène » : ....

b. Quels sont les contraires d' « indigne » ? .... d' « indigeste » ? ....

c. Quels sont les deux natures du mot « indigène » ? ....

d. Retrouve un nom de la famille d' « indigne » : ....

e. Qu'est-ce qu'une personne « indigente » ? ....

f. Complète avec le mot « indigo » : des draps ....

Maths

Hist.-Géo – EMC
Histoire des arts

Sciences
et technologie

Anglais

Évaluations

Code
informatique

9 Les synonymes / Les contraires

Savoir

- Des **synonymes** sont des mots qui ont à peu près le **même sens**.

- Des **contraires** sont des mots de **sens opposé**.

- Les synonymes et les contraires d'un mot appartiennent à la même **classe grammaticale** que ce mot.
épais est le contraire de **fin**.
mince est un synonyme de **fin**.

- Les mots **fin**, **épais** et **mince** sont tous les trois des **adjectifs**.

Savoir faire

● Choisir le synonyme qui convient le mieux

1. Tu peux employer un **synonyme** pour **préciser** le **sens** d'un mot.
L'**odeur** des roses embaume les allées du parc. → Le **parfum** des roses embaume les allées du parc.
« **Parfum** » est un mot plus précis que le mot « odeur ».

2. Tu peux utiliser un **synonyme** pour **éviter** une **répétition**.
Il y a des **odeurs** agréables dans ce parc : l'**odeur** des roses et des lilas.
Il y a des **odeurs** agréables dans ce parc : le **parfum** des roses et des lilas.
Le mot « parfum » ici évite la répétition du mot « odeur ».

● Utiliser un contraire

Comme le synonyme, le **contraire** permet de **comprendre**, de **préciser** le sens d'un mot.
Il porte une valise **légère**. (Le contraire est une valise **lourde**).
C'est une blessure **légère**. (Le contraire est une blessure **grave**).

● Écrire un contraire

Tu peux écrire un contraire en ajoutant un **préfixe** (in-, im-, mal-, dé-, dés-, mé-, dis-, a-).
honnête (**mal**honnête) ; discret (**in**discret) ; content (**mé**content).

Faire

1 ★
Remplace l'adjectif « mauvais » par un des contraires proposés : *bon – juste – excellent – [...]*

Ce calcul est **mauvais** (............................). Il a **mauvais** caractère (............................).
Quel **mauvais** temps (............................) ! Ce gâteau est **mauvais** (............................).

2 ★
Je m'évalue ☐☐☐

Souligne en rouge le synonyme des mots en gras et en bleu leur contraire.

vif : nerveux, lent.

augmenter : diminuer, agrandir.

clair : sombre, lumineux.

critiquer : approuver, contester.

prisonnier : libre, captif.

escalader : descendre, gravir.

ardu : difficile, facile.

pénétrer : sortir, s'introduire.

3 ★
Je m'évalue ☐☐☐

Écris le contraire des mots à l'aide d'un préfixe.

adroit : ....
normal : ....
possible : ....
prudent : ....
agréable : ....
heureux : ....
paraître : ....
connu : ....
coller : ....
l'espoir : ....

4 ★★
Je m'évalue ☐☐☐

Remplace le mot répété (en gras) par l'un des synonymes suivants : *doux – inquiet – délicat – diminuer – réduire – rétrécir – demeure – studio.*

La lumière du jour **baissait**. Dans la chambre, la clarté **baissait** (............................) de minute en minute.

La **maison** était grande. Au premier coup d'œil, la **maison** (............................) me sembla inhabitée. Ce chat a des yeux **tendres**. Son regard **tendre** (............................) le rend sympathique.

5 ★★★
Je m'évalue ☐☐☐

Voici trois autres synonymes du mot « odeur » : *le fumet – l'arôme – la senteur.* **Choisis le plus précis pour remplacer le mot « odeur » dans les phrases suivantes.**

L'**odeur** de ce café me réveille (............................). L'**odeur** de cette boisson est agréable (............................). L'**odeur** du poulet rôti se répand dans la cuisine (............................).

6 ★★★
Je m'évalue ☐☐☐

Choisis dans la liste un synonyme de langage courant pour expliquer les mots proposés. Tu peux t'aider d'un dictionnaire : *un danger – têtu – une tromperie – balancer – tomber – une dispute – un messager – une troupe – le bord – souple.*

choir (............................), un émissaire (............................), opiniâtre (............................),
une horde (............................), un péril (............................), une mascarade (............................),
l'orée (............................), osciller (............................), leste (............................), une
querelle (............................).

Maths

Hist.-Géo – EMC
Histoire des arts

Sciences et technologie

Anglais

Évaluations

Code informatique

Le sens des mots

Savoir

On peut comprendre le **sens d'un mot** à l'aide :

- des **indices** (repères) fournis par les **autres mots** de la phrase (le **contexte**).

- du **domaine général** auquel ce mot appartient (les insectes, les arbres fruitiers,….)

- du **niveau de langue** de ce mot (familier, courant, soutenu).

Savoir faire

● Utiliser le contexte pour comprendre le sens d'un mot

Les anciens bateaux sont échoués sur la **grève** de l'autre côté du port.

En raison de la **grève** des postiers, il n'y a pas eu de distribution de courrier aujourd'hui.

- Dans la première phrase les mots bateaux, échouer, port permettent de comprendre le sens de « **grève** » : **plage**, **rivage**…

- Le sens de « **grève** » dans la seconde phrase signifie : **arrêt de travail**, **absence**,…

● Définir un mot connu en utilisant un terme générique

- Un terme générique permet de **regrouper des mots** et d'en donner le **sens général**.
Le terme générique **figures géométriques** permet de regrouper le carré, le rectangle, le cercle, l'angle…

- Un terme générique permet d'**expliquer le sens d'un mot**.
Le platane est un **arbre**. (Le terme générique, c'est « **arbre** ».)

● Identifier les niveaux de langue et passer d'un niveau à l'autre

- Les mots que tu utilises appartiennent à différents niveaux de langue : le **langage courant**, le **langage familier**, le **langage soutenu (recherché)**.

L'enfant **s'est cassé la figure** brusquement (langage **familier**).

L'enfant **est tombé** brusquement (langage **courant**).

L'enfant **a chuté** (ou **a chu**) brusquement (langage **soutenu**).

Faire

Je m'évalue ☐☐☐

1★ Indique le sens de « frais, fraîche » dans les phrases suivantes, en utilisant le contexte.

Frais, fraîche : adjectif qualificatif. **Sens 1** : qui est légèrement froid. **Sens 2** : qui vient d'être produit, récolté. **Sens 3** : qui existe depuis peu (récent). **Sens 4** : qui a gardé son éclat, sa force.

Nous achetons toujours du poisson frais au marché (**sens** ....). L'eau de la mer est vraiment fraîche pour la saison (**sens** ....). Ma grand-mère a toujours le teint frais (**sens** ....). J'ai reçu des nouvelles fraîches de mon cousin (**sens** ....).

Je m'évalue ☐☐☐

2★ Voici quatre sens du verbe prendre : *acheter – attraper – utiliser – recevoir.* Écris entre les parenthèses le sens qui convient.

Tom <u>prend</u> un compas pour tracer un cercle (........................). Nous <u>prenons</u> de l'essence (........................). Le gardien de but <u>prend</u> le ballon (........................). J'ai <u>pris</u> un coup de pied (........................).

Je m'évalue ☐☐☐

3★ Retrouve les termes génériques de chaque liste de mots.

a. La fourmi, la guêpe, la sauterelle, la mouche, le papillon, le grillon : ....
b. Le gardon, la truite, la tanche, le brochet, la perche, la carpe : ....
c. Le crocodile, la tortue, la couleuvre, l'alligator, le lézard, l'iguane : ....

Je m'évalue ☐☐☐

4★★ Dans les phrases suivantes, souligne parmi les mots entre parenthèses le terme générique.

Un (camion, véhicule, car) est accidenté sur une aire d'autoroute. Ce (fauteuil, siège, tabouret) est très ancien. J'entends distinctement (le bruit, le tintement, le tic-tac) du réveil. (L'odeur, le fumet, le parfum) de ce rôti est très agréable. Chaque matin, je mange (du blé, du maïs, des céréales).

Je m'évalue ☐☐☐

5★★ Relie comme il convient les mots du langage familier aux mots du langage courant.

le boulot •   • la voiture   piger •   • parler
le pif •   • le travail   cavaler •   • comprendre
la bagnole •   • le nez   causer •   • crier
le môme •   • la peur   piailler •   • se dépêcher
la trouille •   • l'enfant   se grouiller •   • courir

Je m'évalue ☐☐☐

6★★★ Choisis le synonyme de langage courant qui convient : *faux – provisoire – absurde – bizarre – difficile – gras – adroit – molle – juste – imprévue.* Tu peux t'aider d'un dictionnaire.

Un emploi **précaire** (..), une décision **équitable** (..), un décor **factice** (..), une rencontre **inopinée** (..), une réponse **inepte** (..), une attitude **indolente** (..), une œuvre d'art **insolite** (..), un problème **ardu** (..), un mouvement **preste** (..), un visage **adipeux** (..).

Maths

Hist.-Géo – EMC
Histoire des arts

Sciences
et technologie

Anglais

Évaluations

Code
informatique

11 Familles de mots / Préfixes, suffixes

Savoir

● La construction de mots de la même famille

● L'ensemble des mots construits à partir d'un même **radical** (partie de chaque mot composé des mêmes lettres) auquel on ajoute un **préfixe** et/ou un **suffixe** constitue une famille de mots.

	suffixe	préfixe	suffixe		préfixe	suffixe
	↓	↓	↓		↓	↓
radical « **larg** » →	**larg**eur	é**larg**ir			é**larg**issement	

● Tous les mots d'une famille expriment la même **idée générale**. Ici, l'idée de **largeur**.

Savoir faire

● Regrouper les mots selon le sens de leur préfixe, de leur suffixe

● Les préfixes **dé-**, **mal-**, **in-**, **im-**, **dis-**, **dés-** te permettent de former **des contraires**.

patient → **im**patient   direct → **in**direct
espoir → **dés**espoir   heureux → **mal**heureux

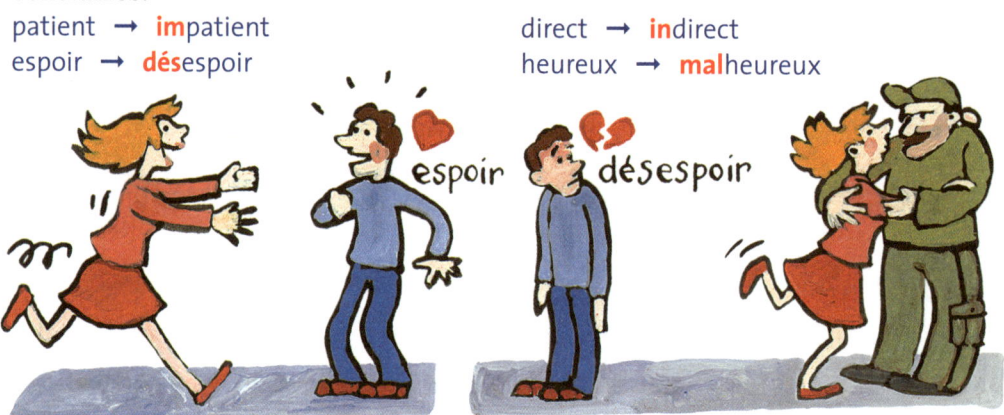

● **Le suffixe** donne un sens particulier à un mot.

Tu trouves par exemple le suffixe **-phone** qui signifie « voix » dans télé**phone**, magnéto**phone**, micro**phone**.

● Utiliser la construction d'un mot pour le comprendre

Pour t'aider à comprendre le sens d'un **mot inconnu**, tu peux être amené à utiliser tes **connaissances** sur la **construction** des mots (sens des préfixes, des suffixes, des radicaux).

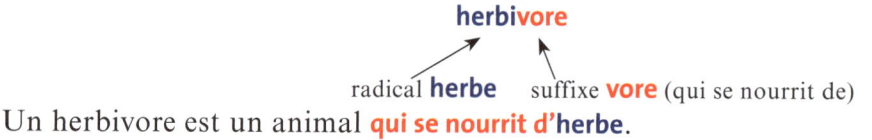

herbivore

radical **herbe**   suffixe **vore** (qui se nourrit de)

Un herbivore est un animal **qui se nourrit d'herbe**.

Maths

Hist.-Géo – EMC
Histoire des arts

Sciences
et technologie

Anglais

Évaluations

Code
informatique

Faire

Je m'évalue
☐ ☐ ☐

1 ★ **Dans les deux familles de mots, souligne le radical, entoure en rouge les préfixes et en bleu les suffixes.**

a. Froid, froideur, refroidir, refroidissement, froidement, froide.
b. Long, longueur, longer, allonger, prolongation, longuement.

Je m'évalue
☐ ☐ ☐

2 ★ **Barre l'intrus dans chaque famille.**

a. Couteau, coutelas, coutume, coutellerie, coutelier.
b. Ami, amical, amitié, amiral, amicalement.
c. Nourrice, nourriture, nougat, nourrisson, nourricier.
d. Dent, dentition, dentaire, édenter, denteler, dentelle.

Je m'évalue
☐ ☐ ☐

3 ★★ **Complète le tableau à l'aide des mots de la même famille.**

verbe	nom	adjectif qualificatif
Ex. : attendrir	tendresse	tendre
appauvrir	....	....
....	inquiétude	....
....	....	patient

Je m'évalue
☐ ☐ ☐

4 ★★ **Écris le préfixe qui convient pour former le contraire.**

.......obéir ; ....possible ; ....paraître ; ....charger ; ....visible ; ....honnête ; ....utile ; ....précis ; ....organisé.

Je m'évalue
☐ ☐ ☐

5 ★★★ **Retrouve la définition des mots ayant pour préfixe « géo » (qui signifie « la terre ») :**
la géographie – la géologie – un géomètre – la géométrie – la géothermie.

C'est la chaleur interne de la terre : ....
Science qui étudie les matériaux (roches, ...) et les transformations de la Terre : ....
Science qui étudie la description de la surface de la Terre (relief, végétation...) : ....
Discipline mathématique qui étudie l'espace et les formes : ....
Spécialiste qui effectue des mesures sur des terrains : ....

Je m'évalue
☐ ☐ ☐

6 ★★★ **Retrouve les mots qui ont pour préfixe « bio » (qui signifie « la vie »). Tu peux t'aider d'un dictionnaire.**

Carburant fabriqué à partir de végétaux : un **bio**...............
Histoire écrite sur la vie d'une personne : une **bio**...............
Science qui étudie la vie, la reproduction des espèces : **bio**...............

Je m'évalue
☐ ☐ ☐

7 ★★★ **Sur une feuille, fais correspondre les mots ayant pour suffixe « phobe » (craindre), « phile » (aimer), ou « logue » (qui étudie) aux définitions proposées.**

*un biblio**phile** – un cardio**logue** – un agora**phobe** – un claustro**phobe** – un ciné**phile** – un ophtalmo**logue**.*
Personne qui aime les livres rares et précieux ; individu qui a peur de la foule, des espaces ; c'est un amateur de films ; personne qui craint les endroits fermés ; médecin spécialiste du cœur ; médecin spécialiste des yeux.

12 Les déterminants

Savoir

Le **déterminant** est un petit mot qui, le plus souvent, est placé **devant un nom**.
Il indique le **genre** (masculin ou féminin) et le **nombre** (singulier ou pluriel) de ce nom.

Le cinéma	**Ma** balle	**Ces** arbres	**Des** images
↑	↑	↑	↑
masculin, singulier	féminin, singulier	masculin, pluriel	féminin, pluriel

● **Les différents déterminants**

• Les **déterminants courants** : *le, la, l', les, un, une, des*.
C'est **le** scooter de **la** voisine. **Un** chat, c'est **une** compagnie pour **des** enfants.

• Les **déterminants qui indiquent la possession** : *mon, ton, son, ma, ta, sa, mes, tes, ses, notre, votre, leur, nos, vos, leurs*.
Voici **ma** trousse et **nos** cahiers.

• Les **déterminants qui désignent ce que l'on montre** : *ce, cet* (devant une voyelle), *cette, ces*.
Cette branche permet à **ces** vêtements de sécher.

Savoir faire

● **Repérer un déterminant éloigné du nom qu'il accompagne**
Un déterminant peut être **séparé du nom** qu'il accompagne par un adjectif qualificatif.

un	immense	pays		son	nouveau	stylo
↑	↑	↑		↑	↑	↑
déterminant	adjectif	nom		déterminant	adjectif	nom

● **Ne pas confondre déterminant et pronom personnel (voir p. 38)**
Le, la, les, l', placés devant un verbe sont des **pronoms personnels compléments**. Ils remplacent un groupe nominal.
Lucas classe **ses vignettes**. Il **les** classe.

↑	↑
G.N. complément	pronom personnel complément (remplace « ses vignettes »)

1 ★ Souligne les déterminants. Relie-les aux noms qu'ils accompagnent.

L'arbre au milieu de la pelouse est un superbe chêne.

On trouve des vers dans les pommes non traitées.

Une grive et un jeune merle sont posés sur le toit.

Pour aller à la gare, les autobus passent par l'autre rue.

2 ★ Complète les phrases de façon à utiliser au moins une fois chacun des déterminants *le, la, l', les, un, une, des.*

J'ai vu .... falaises de Normandie.

Jules a acheté .... livres de science fiction.

.... éclipse totale de Lune était magnifique.

.... concert a eu lieu au stade de France.

Nous prendrons .... train pour aller à Nice.

Mamie, raconte-nous .... histoire !

.... piscine sera fermée lundi prochain.

Je connais .... âge de Simon.

.... prévisions météorologiques ne sont pas très bonnes.

3 ★★ Souligne les noms. Entoure en rouge les déterminants qui indiquent la possession et en bleu les déterminants qui servent à montrer.

Dans ma chambre, mes affaires sont impeccablement rangées.

Cet immeuble n'est pas plus haut que ton bâtiment.

Nos nouveaux voisins sont ces garçons que tu vois là-bas.

Notre petite chienne aime bien dormir dans ce panier.

Je ne sais pas si vos affaires tiendront dans cette nouvelle sacoche.

Les skieurs ont rangé leurs chaussures dans ce placard-là.

Écrivez votre nom derrière cette feuille.

4 ★★ Complète par un déterminant qui indique la possession ou qui sert à montrer. Il y a plusieurs réponses possibles.

.... salle de jeux se trouve dans le grenier.

Dans .... placard, maman range .... machine à pain et .... casseroles.

Comme j'aime .... fontaine romaine !

Nous avons acheté .... jouets-là en l'an 2000.

Mes amis sont allés au supermarché avec .... voisin.

Où as-tu posé .... nouvelle montre ?

Tous .... joueurs de rugby ont .... chaussures pleines de boue.

Vous avez pris .... petit déjeuner ?

5 ★★★ Entoure les déterminants et relie-les au nom complété (parfois éloigné).

J'aime ce village.

Les voiliers sont prêts à partir.

Antoine a acheté une nouvelle revue scientifique.

Mon jeune frère joue avec Lucas.

Un très gros avion vient de survoler la région.

Ces toutes nouvelles fleurs embellissent notre jardin.

6 ★★★ Indique si les mots soulignés sont des déterminants (D) ou des pronoms compléments (P).

Le docteur consulte les patients.

....

Il les ausculte un par un.

.....

S'il faut que le malade prenne l'autre

....

médicament, la secrétaire du docteur

.....

l'appellera au téléphone. Le patient la

....

contactera pour un autre rendez-vous.

Maths

Hist.-Géo – EMC
Histoire des arts

Sciences
et technologie

Anglais

Évaluations

Code
informatique

13 Le groupe nominal : nom, déterminant, adjectif

Savoir

● **Le nom**
● Un **nom** désigne une **personne** (Léa, professeur…), un **animal** (oiseau, renard…) ou une **chose** (mur, bougie, arbre…).
● Il existe deux catégories de noms :
– les **noms propres,** commençant par une majuscule : **P**aris, **N**apoléon…
– les **noms communs,** sans majuscule : des coquillages, un hôtel…

● **Le déterminant – L'adjectif**
Si un nom est accompagné d'un ou de plusieurs mots, il devient le nom noyau d'un **groupe nominal**.
Il peut être accompagné :
● d'un **déterminant**.

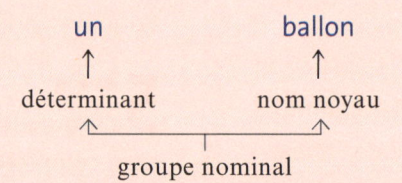

un   ballon
↑   ↑
déterminant   nom noyau
└─────── groupe nominal ───────┘

● d'un déterminant et d'un ou plusieurs **adjectifs**.

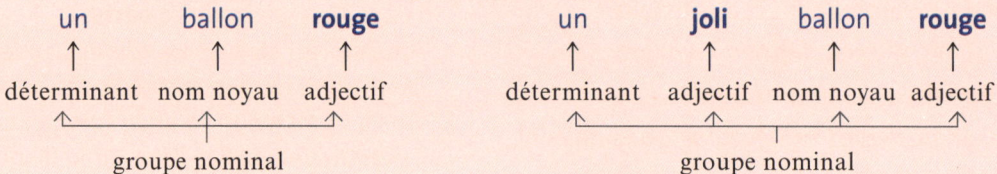

un   ballon   **rouge**   un   **joli**   ballon   **rouge**
↑   ↑   ↑   ↑   ↑   ↑   ↑
déterminant nom noyau adjectif   déterminant adjectif   nom noyau   adjectif
└──── groupe nominal ────┘   └────────── groupe nominal ──────────┘

Savoir faire

● **Repérer un groupe nominal dans une phrase**
● Le groupe nominal n'a pas de place fixe dans une phrase. Il peut se trouver **avant** ou **après** le verbe.

Une nouvelle élève   est arrivée   **dans la classe**.
  groupe nominal   verbe   groupe nominal

● Tu peux trouver deux groupes nominaux **qui se suivent**.

Dans le pré,   **un cheval blanc**   galope.
groupe nominal   groupe nominal   verbe

Faire

1 ⭐ Souligne les noms communs **en rouge** et les noms propres **en bleu**.

Dans la cour de l'école Brossolette, je pouvais voir les élèves jouer au basket.

Le guide qui nous accompagnera pour le voyage en Chine s'appelle Li-Ang.

La famille de Loris habite à Brest en Bretagne.

J'ai écrit une carte postale à Rémi, Léo, Aline et Manuel.

2 ⭐ Souligne chaque groupe nominal.

La ferme est juste après le pont.

Mon grand frère est arrivé.

J'ai vu un superbe chaton roux.

Le canari s'est envolé par la fenêtre ouverte.

Ce matin, on a entendu la sirène.

3 ⭐⭐ Remets chaque phrase en ordre. Souligne les groupes nominaux.

galope ; le ; grand ; noir ; cheval

....

se ; cousin ; mon ; petit ; couche ; tôt

....

bien ; ordinateur ; fonctionne ; l' ; très

....

une ; elle ; chanson ; écoute ; nouvelle

....

4 ⭐⭐ Souligne les groupes nominaux. Entoure le nom noyau.

Une vilaine fumée noire sortait de la cheminée.

L'alarme résonnait depuis ce matin.

Les employés devaient se protéger et rentrer à leur domicile.

Une équipe expérimentée est enfin venue effectuer la délicate réparation.

Pour les marcheurs, ce fut une journée longue et difficile.

5 ⭐⭐ Souligne les groupes nominaux. Indique la nature des mots de chaque groupe à l'aide de flèches comme dans le *Savoir*.

Les touristes s'en vont.

....

Ce vieux tunnel routier est fermé.

....

Le bus régional arrive.

....

Une fille grande et blonde habite ici.

....

6 ⭐⭐⭐ Complète chaque nom de façon à former un groupe nominal selon les consignes.

a. déterminant courant + adjectif + nom

.... journée

b. déterminant qui indique la possession + adjectif + nom .... guitare

c. déterminant qui désigne ce que l'on montre + adjectif + nom + adjectif ....
ville ....

d. déterminant courant + nom + adjectif + adjectif .... ours .... et ....

7 ⭐⭐⭐ Complète chaque phrase par un groupe nominal en suivant la consigne donnée.

a. déterminant + nom

.... joue.

b. déterminant + adjectif + nom

.... est bleue.

c. déterminant + nom + adjectif

.... arrive.

d. déterminant + adjectif + nom + adjectif

....

.... appartient à mon frère.

Maths

Hist.-Géo – EMC Histoire des arts

Sciences et technologie

Anglais

Évaluations

Code informatique

14 L'adjectif

Savoir

Dictée 1

Dictée 4

Dictée 9

OBJECTIF • Connaître les fonctions de l'adjectif

L'adjectif accompagne un **nom** et en **précise le sens**.
Un tigre. → Un tigre **féroce**.
　　↑　　　　　　　↑
　　nom　　　　　adjectif

● **Les fonctions de l'adjectif**

● **Adjectif épithète** : il est placé **juste à côté** du nom.
Une **grande** maison. Une **grande** maison **blanche**.
　　↑　　　↑　　　　↑　　　↑　　　↑
épithète　nom　　épithète　nom　épithète

● **Adjectif en apposition** : il est séparé du nom
qu'il complète par une **virgule**.
Affolé, le chat me griffa. Le lion, **rassasié**, s'endormit.
　↑　　　↑　　　　　　　↑　　　↑
apposition nom　　　　　nom apposition

● **Adjectif attribut du sujet** : il est relié au sujet par un **verbe d'état**
(être, sembler, devenir, paraître, rester, demeurer…).
Les enfants sont **sages**.　　　　Elle semble **fatiguée**.
　↑　　　↑　　　　　　　↑　　　　↑
sujet　attribut du sujet　　sujet　attribut du sujet

● **L'accord de l'adjectif**

L'adjectif s'accorde en **genres** et en **nombre** avec le nom qu'il accompagne.
Les chiens sont méchant**s**. (masculin pluriel) accord avec « chiens »
Les joli**es** fleurs rouges. (féminin pluriel) accord avec « fleurs »

Savoir faire

● **Accorder un adjectif avec plusieurs noms**

● Si les noms sont **masculins**, l'adjectif s'écrit au **masculin pluriel**.
Épuis**és**, le pilote et le copilote se couchèrent.

● Si les noms sont **féminins**, l'adjectif s'écrit au **féminin pluriel**.
Ils ont acheté une voiture et une maison neuv**es**.

● Si les noms sont de **genres différents**, l'adjectif s'écrit au **masculin pluriel**.
Le garçon et la fille sont enrhum**és**.

Maths

Hist.-Géo – EMC
Histoire des arts

Sciences
et technologie

Anglais

Évaluations

Code
informatique

Faire

1 ★
Je m'évalue

Souligne en bleu les adjectifs épithètes ou en apposition et relie-les par une flèche au nom qu'ils accompagnent.

J'habite dans ce petit immeuble neuf.
Le cerf, immobile, fixa le chasseur.
Fanées, les fleurs furent enlevées du vase.
Les flammes orangées jetaient des ombres inquiétantes sur le mur.

2 ★
Je m'évalue

Souligne les adjectifs attributs et relie-les au nom ou pronom qu'ils accompagnent.

Le temps est pluvieux.
Les nuages deviennent menaçants.
Cette viande paraît excellente.
Nous serons prêts à huit heures.
Les pigeons semblaient affamés.
Le soir, les rues deviennent désertes.

3 ★
Je m'évalue

Souligne en bleu les adjectifs épithètes, en rouge les adjectifs en apposition, et en vert les adjectifs attributs du sujet.

Mon frère a un vélo rouge.
Inquiète, maman nous surveillait.
Le temps est beau ce matin.
Le grand chêne du jardin perd ses feuilles.
J'ai trouvé un superbe coquillage nacré.
Le feu d'artifice semble magnifique.
Le tableau noir n'est pas propre.

4 ★★
Je m'évalue

Accorde les adjectifs.

Une *(merveilleux)* histoire.

....

Des plaines *(désert)* et *(froid)*.

....

Des yeux *(foncé)* et *(rieur)*.

....

(Isolé), l'alpiniste cherche un refuge.

....

Les bateaux, *(réparé)* ont repris la mer.

....

5 ★★
Je m'évalue

Accorde les attributs du sujet.

Je vais acheter ces deux robes. Elles sont *(soldé)* ....
Ces châteaux restent *(ouvert)* ....
La panthère, depuis un certain temps, devenait *(nerveux)* ....
Depuis quelques jours, les nuits sont *(froid)* .... alors que les jours demeurent *(agréable)* ....
L'arbitre a sifflé un penalty : les joueurs paraissent *(étonné)* ....

6 ★★
Je m'évalue

Accorde les adjectifs.

Le professeur et le directeur étaient *(attentif)* ....
Anna et Lucie sont deux filles vraiment très *(sportif)* ....
La chienne et le chien de Léa sont *(couvert)* .... de boue.
L'alpiniste et toute son équipe, *(découragé)* .... par le mauvais temps, rebroussèrent chemin.

7 ★★★
Je m'évalue

Fais les accords nécessaires.

Les piquets *(planté)* .... à intervalles *(régulier)* .... supportent un grillage *(neuf)* .... Une chemise et ....
veste *(bleu)* .... sont *(accroché)* ....dans l'armoire. Très mal *(logé)* ...., madame Dupuis cherche une location un peu plus *(grand)* ....
Les spectacteurs restèrent *(stupéfait)* .... par un tel exploit.
Les élèves de CM1 et leur maîtresse, *(réuni)* .... dans la cour, attendaient la fin de l'alerte incendie.

15 Le complément du nom

Savoir

Dictée **4**

Dictée **8**

● Le complément du nom

● Le nom noyau d'un groupe nominal peut être complété par un **mot** ou un **groupe de mots** souvent introduit par un **mot liaison** (*à, de, pour, avec, en, sans…*) ou un **déterminant** (*au, aux, du, des, d'*).

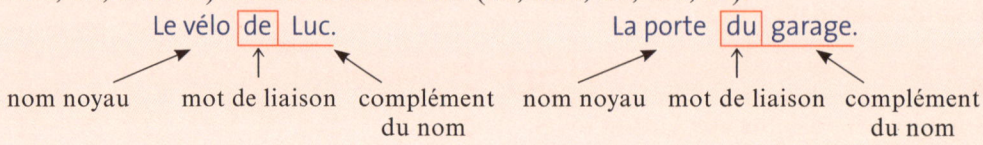

Le vélo de Luc.

nom noyau   mot de liaison   complément du nom

La porte du garage.

nom noyau   mot de liaison   complément du nom

● D'autres exemples de compléments du nom

● Avec *pour* :
M. Dupuis a acheté un vélo **pour** enfant. (*pour enfant* complète *vélo*)

● Avec *sans* :
Elle mange des biscottes **sans** sel. (*sans sel* complète *biscottes*)

● Avec *en* :
Ce gilet **en** laine est superbe. (*en laine* complète *gilet*)

● Avec *aux* :
Je préfère le millefeuille à la tarte **aux** pommes.
(*aux pommes* complète *tarte*)

● Avec *d'* :
Le premier coureur vient de franchir la ligne **d'**arrivée.
(*d'arrivée* complète *ligne*)

Savoir faire

● Identifier les différentes natures des compléments du nom

Le complément du nom peut être :

● un **nom**
un toit **en** tuiles, la balle **aux** prisonniers.
     nom   nom

● un **verbe à l'infinitif**
la joie **de** vivre.
          verbe à l'infinitif

● un **groupe nominal**
le spectacle **du** Cirque d'hiver.
         groupe nominal

1★ Relie entre eux les éléments qui vont ensemble.

Je m'évalue ☐☐☐

un coup • • d' • • or
une montre • • à • • l'arc
la salle • • de • • lait
du tir • • en • • attente
un café • • au • • poing

2★ Ajoute un complément du nom à chacun des noms soulignés suivants.

Je m'évalue ☐☐☐

Un <u>maillot</u> sans ....

Un <u>plat</u> en ....

Le <u>règlement</u> de ....

Une <u>salle</u> à ....

Un <u>livre</u> sur ....

3★★ Souligne les compléments du nom et encadre les mots de liaison.

Je m'évalue ☐☐☐

Un mur en briques.

Un champ de blé.

La table à repasser.

La confiture d'oranges.

La lumière du soleil.

Un film sur les animaux sauvages.

4★★ Ajoute le mot de liaison qui convient.

Je m'évalue ☐☐☐

Manon a acheté une robe .... fleurs.

La porte .... garage est restée ouverte.

Ce livre .... les lions est très intéressant.

Pour mon goûter, j'ai mangé un croissant .... amandes.

Ne va pas dans cette direction, c'est un chemin .... issue.

Ce château .... ruines date de l'époque .... Louis XIV.

5★★ Souligne les compléments du nom et indique leur nature (nom, GN ou infinitif).

Je m'évalue ☐☐☐

Dans ce livre, on trouve de nombreuses histoires pour rire. (...............)

Il ne connaît pas la taille de son père. (...............)

Il me faut une cuillère en bois pour tourner la soupe dans la marmite. (...............)

Grand-père doit manger des biscottes sans sel. (...............)

Il versa la pâte dans la poêle à frire. (...............)

Tu prendras la route de Bordeaux pour aller en Espagne. (...............)

6★★ Souligne chaque complément du nom et encadre le nom complété.

Je m'évalue ☐☐☐

Le train pour Paris partait à 11 h 48. Dès le début de la matinée, Idriss errait dans la gare Saint-Charles.

Un petit agneau à tête noire s'approcha pour attraper quelques bouchées de mon pain.

C'était une nuit noire, une nuit sans lune.

Les hommes de la préhistoire utilisaient des outils en silex.

7★★★ Complète chaque phrase par un sujet comprenant un complément du nom. Utilise des mots de liaison différents.

Je m'évalue ☐☐☐

a. ....est interdite dans cette forêt.

b. .... dirige la France.

c. En athlétisme, ... a vu certains passer une hauteur de 6 mètres.

d. .... est le plus grand musée de France.

e. .... a été agrandie pour accueillir 2 000 spectateurs.

Maths

Hist.-Géo – EMC
Histoire des arts

Sciences
et technologie

Anglais

Évaluations

Code
informatique

16 Le sujet et le verbe

Savoir

Le **sujet** est généralement placé **avant** le verbe.
Les fleurs fanaient rapidement.

    ↑   ↑

sujet   groupe verbal

Dictée 1
Dictée 4
Dictée 5
Dictée 10

● **La nature du sujet**

Le sujet peut être :

● un **nom** : **Paul** chantait faux.

● un **groupe nominal** : **Le panier de champignons** pèse un kilo et demi.

● un **pronom** : **Nous** recherchons une jolie villa.

● **L'accord sujet-verbe**

● Le verbe **s'accorde toujours** avec son sujet quelle que soit sa place.
– **Accord en nombre** : L'oiseau chant**ait**.
                             Les oiseaux chant**aient**.
– **Accord en personne** : Je parl**e**. Tu parl**es**. Elle parl**e**.

● Lorsque le sujet est un groupe nominal, le verbe s'accorde le plus souvent avec le **nom noyau**.
Deux **lampes** en terre cuite **ornent** le salon.

       ↑   ↑

nom noyau au pluriel   verbe au pluriel

● **Cas particuliers**

● Un seul sujet pour **plusieurs verbes**.
Nous chantions, dansions, bref, **faisions** un spectacle complet.

● **Plusieurs sujets** au singulier.
Le merle et **la fauvette chantaient** → Le verbe s'écrit au pluriel.

● Le sujet est **éloigné** du verbe ou placé **après** le verbe.
Nos voisins, tous les soirs, **rentrent** vers 7 heures. Que **demandent-ils** ?

Savoir faire

● **Identifier le sujet d'un verbe**

Le sujet peut être encadré par **C'est… qui** ou **Ce sont… qui**.
Le vent souffle. **C'est** le vent **qui** souffle. **Le vent** est le sujet du verbe souffler.

Faire

1 ★
Je m'évalue ☐☐☐

Recopie la phrase en encadrant le sujet par C'est ... qui ou Ce sont ... qui. Souligne les sujets.

Le jardinier taille la haie.

....

Des mésanges nichent dans le chêne.

....

Nous rangeons le salon de jardin.

....

Près du lac poussent des roseaux.

....

2 ★
Je m'évalue ☐☐☐

Souligne les sujets des verbes en gras et indique leur nature (nom, groupe nominal, pronom).

Lionel **marchait** lentement. ....

Dans quelle direction **avancez**-vous ?

....

Un groupe d'avions de chasse **traversa** le ciel en direction de Dijon.

....

Renard **sauta** de l'autre côté de la meule.

....

C'est la première fois que je **couche** en pleine nature. ....

3 ★★
Je m'évalue ☐☐☐

Encadre les verbes dont les sujets sont au pluriel.

Les élèves se taisaient tous.
Le sac de pommes de terre pesait au moins dix kilogrammes.
À qui parles-tu ?
Ils restent au bord de la piscine.
Vous êtes mes deux meilleurs amis.
Que demanderez-vous comme cadeaux pour Noël ?
Les rues du village sont désertes.

4 ★★
Je m'évalue ☐☐☐

Souligne les sujets au singulier.

Les buissons ondulaient sous le vent
Le matin, je prends un bon petit déjeuner.
Dans les alpages paissait un troupeau de moutons.
Les sacs de ciment étaient lourds.

5 ★★
Je m'évalue ☐☐☐

Barre le sujet qui ne convient pas.

(Les enfants – Luc) offre un collier à sa mère.
(Une pluie de grêlons – Les grêlons) tombent sur le sol.
Chaque jour, (ils – il) accompagne son fils au collège.
Sous nos pas, craquait (la neige – les blocs de glace).

6 ★★
Je m'évalue ☐☐☐

Encadre le (ou les) verbe(s) dans chaque phrase puis souligne le (ou les) sujet(s).

Nous attendions de tes nouvelles.
Le chien et le loup se battaient.
Avez-vous faim ?
L'avion accéléra, décolla et rentra immédiatement son train d'atterrissage.
Alors que la grêle tombait, le chien demanda à sortir.
Le concierge, de temps en temps, venait aider mamie à nettoyer ses carreaux.

7 ★★★
Je m'évalue ☐☐☐

Encadre le nom noyau du sujet et accorde le verbe au présent.

Cette collection de timbres *(coûter)* ....
très cher.
Les soldats de plomb *(briller)* ....
dans la vitrine de mon oncle.
Le bal du 14 juillet *(débuter)* ....
à 22 heures.
Les coureurs du Tour de France, avec une bonne demi-heure d'avance, *(franchir)*
.... le col du Tourmalet.
Les manèges de la fête foraine *(attirer)*
.... les enfants.

Maths

Hist.-Géo – EMC
Histoire des arts

Sciences
et technologie

Anglais

Évaluations

Code
informatique

17 Les pronoms personnels

Savoir

● Les deux catégories de pronoms personnels

Les pronoms personnels sujets qui **désignent des personnes** : on les utilise en conjugaison. *je, j', tu, il, elle, nous, vous, ils, elles*.

Tu vas au stade ?

Elles préfèrent la marche à pied.

Les pronoms personnels qui **remplacent des noms ou des groupes nominaux** : ils sont le plus souvent compléments. *me, moi, toi, soi, lui, leur, eux, l', le, la, les*.

Lisa **lui** raconte ses vacances. *(lui : son amie)*

Le maître **les** a félicités. *(les : les élèves)*

● Les pronoms de reprise

Un **pronom de reprise** est un pronom personnel qui **remplace le nom ou le groupe nominal dont on vient de parler**. Il en évite ainsi la répétition.

Papi mange avec ses voisins.   **Il** mange avec ses voisins.   Papi mange avec **eux**.
      ↑   ↑
      Papi   les voisins

Le pronom **Il** reprend le nom **Papi**.
Le pronom **eux** reprend le groupe nominal **les voisins**.

Savoir faire

● Utiliser deux pronoms de reprise qui se suivent.

Il est possible que tu sois amené à utiliser **deux pronoms de reprise** l'un après l'autre pour éviter **deux répétitions**.

Julia prend son stylo et Julia prête son stylo à Alex.

Dans cette phrase, il y a **deux répétitions** : celles de **Julia** et de **stylo**.

1. Évite d'abord la répétition de **Julia** par l'emploi du pronom **elle**.
Elle prête son stylo à Alex.

2. Évite maintenant la répétition de **stylo** par l'emploi du pronom **le**.
Elle **le** prête à Alex.

3. On obtient : Julia prend son stylo. **Elle le** prête à Alex.

Je m'évalue
☐ ☐ ☐

1★ Complète par un pronom personnel sujet.

.... avançons au pas dans cet embouteillage.

.... es plus grande que lui .

.... ai un manteau neuf.

.... sont allés à la piscine.

Nos chambres sont rangées, ... sont propres.

.... avez appris la nouvelle ?

.... est vraiment très bon en grammaire.

Je m'évalue
☐ ☐ ☐

2★ Indique entre les parenthèses ce que remplacent les pronoms en gras.

J'enlève ma casquette avant d'entrer dans la salle : je l'enlève. (..)

Maman tondra la pelouse demain : elle **la** tondra demain. (..)

Les enfants aiment les bonbons : je **leur** en offre. (..)

Ce ballon était sale : je **lui** donne un coup de chiffon. (..)

Je m'évalue
☐ ☐ ☐

3★★ Complète à l'aide de pronoms personnels pour éviter la répétition des groupes de mots soulignés.

Il sort <u>son sandwich</u> et .... mange.

<u>Nos chaussures de randonnée</u>, nous .... mettrons pour la sortie.

Les jeunes mariés ont acheté <u>un pavillon</u> et .... ont aménagé joliment.

Noémie sort <u>sa trousse</u> et .... pose sur la table.

<u>Maman</u> réunit les enfants et s'adresse à ....

La prochaine fois que je te donnerai <u>des conseils</u>, écoute-.............. .

Je m'évalue
☐ ☐ ☐

4★★ Complète par un pronom personnel et souligne ce qu'il remplace.

Je demande un renseignement à Louis. Je .... demande un renseignement.

Le film a beaucoup plu à mes parents. Il .... a beaucoup plu.

C'est à Thomas et Rudy de jouer. C'est à .... de jouer.

Tu sais Camilla, c'est à .... d'effacer le tableau.

Je m'évalue
☐ ☐ ☐

5★★ Recopie les pronoms personnels que tu trouves dans ce texte.

Mes parents aiment que je leur raconte ma journée de classe. Ils me demandent si nous avons fait du sport. Moi, j'aime bien le basket. Quand le professeur sort les ballons et qu'il les distribue aux différentes équipes, c'est la joie. Il nous répète souvent que le basket est un jeu d'équipe et que ce n'est pas chacun pour soi.

....

....

....

Je m'évalue
☐ ☐ ☐

6★★★ Recopie les phrases en remplaçant les noms ou groupes nominaux soulignés par des pronoms personnels.

Le <u>footballeur</u> tire <u>le pénalty</u>.

....

Je confie <u>mes DVD</u> <u>à Lucie</u>.

....

<u>Léo</u> demande <u>la date de la fête</u> <u>à ses voisins</u>.

....

<u>Le passant</u> indique <u>la bonne direction</u> <u>à l'automobiliste</u>.

....

Maths

Hist.-Géo – EMC
Histoire des arts

Sciences
et technologie

Anglais

Évaluations

Code
informatique

18 Les compléments dans la phrase

Savoir

● Le complément du verbe

Il fait partie du groupe verbal. **On ne peut pas le déplacer**.

Le jardinier *arrose* **les tomates.** (groupe verbal : *arrose* **les tomates**)

↑
complément du verbe arrose

On ne peut pas dire : Le jardinier les tomates arrose.

● Les deux sortes de complément du verbe

– **le complément direct** : il est placé, le plus souvent, **juste derrière** le verbe.

Je *mange* un gâteau.

↑
complément direct

– **le complément indirect** : il est relié au verbe par un **mot de liaison** (*à, de, par, sur, …*)

Alex *parle* **à son chien**.

↑
complément indirect (*mot de liaison* **à**)

● La nature du complément du verbe

Le complément du verbe peut être un nom (Elle berce **Noémie**.), un groupe nominal (Ils lancent **des petits galets**.), un pronom (Je pense à **toi**.).

● Le complément de phrase

Il ne fait pas partie du groupe verbal. On peut le déplacer ou le supprimer.

Je viendrai **dimanche**. **Dimanche**, je viendrai. Je viendrai.

Un complément de phrase peut indiquer :

- le **lieu** (où ?) : Anne dort **sur le canapé**.

- le **temps** (quand ?) : **Ce soir**, j'irai vous chercher.

Savoir faire

● Remplacer le complément du verbe par un pronom

1. Le complément direct peut être remplacé par le pronom *le, la, l'* ou *les*.

Il regarde la mer. → Il **la** regarde.

2. Le complément indirect peut être remplacé par le pronom *lui, leur, en* ou *y*.

Élodie parle à Robin. → Elle **lui** parle.

1 ★
Précise si les compléments soulignés sont compléments du verbe (CV) ou compléments de phrase (CP).

Les maçons construisent les murs. ....

Il ressemble à sa mère. ....

Dès le début, il mentit. ....

Il partit à la tombée de la nuit. ....

Mon cousin a écrit un petit mot. ....

Le chat s'approche dans le noir. ....

Au centre de la pièce ...., on découvrait un magnifique piano. ....

2 ★★
Indique si les compléments soulignés sont directs (DIR) ou indirects (IND).

Il a attrapé un coup de froid (...................).

Je participerai à ce spectacle (...................).

Deux avions de chasse ont survolé Paris (...................).

Les pompiers se protègent du feu (...................).

Le mur nous (...................) abrite de la tempête (...................).

3 ★★
Souligne les compléments directs en bleu et les compléments indirects en rouge.

On va téléphoner à nos parents.
Tu as perdu ta carte de cantine ?
Avez-vous un goûter ?
Je parle de ton amie.
Elle a les yeux verts.
Nous les écoutons avec plaisir.

4 ★★
Complète avec un complément comme indiqué.

DIRECT	Ils ont retrouvé ....
INDIRECT	Le chien s'approche ....
DIRECT	Un tigre mange ....
INDIRECT	Je parlerai ....
DIRECT	Demande-lui ....
INDIRECT	On a écrit ....

5 ★★
Recopie les phrases en remplaçant le[s] compléments soulignés par des pronoms personnels. Écris DIR (direct) ou IND (indirect) après chaque pronom.

Maurine prend son compas.

Maurine ....

Je démonte la roue de mon vélo.

....

Le président parlera aux joueurs.

....

Nous aimons les fraises à la crème.

....

6 ★★
Souligne les compléments de phrase et précise ce qu'ils indiquent : le lieu ou le temps.

Nous attendons depuis une heure.

....

Les voyageurs se pressaient sur le quai de la gare. ....

Il y aura une éclipse de Lune la nuit prochaine.

....

Sous la voiture, il y avait une tache d'huile.

....

Un fauteuil est posé devant la cheminée.

....

7 ★★★
Réduis chaque phrase de façon à ne laisser que le sujet et le groupe verbal. Souligne le complément du verbe.

Le jongleur lance les balles avec adresse.

....

Tous les soirs, on voit un merle sur la branche du prunier. ....

Du haut de la colline, j'aperçois, par temps clair, le clocher du village. ....

Maths

Hist.-Géo – EMC
Histoire des arts

Sciences
et technologie

Anglais

Évaluations

Code
informatique

La phrase simple : sujet et groupe verbal

OBJECTIF • Maîtriser la notion de sujet et de prédicat

Les deux éléments de base de la phrase simple sont le **sujet** et le **groupe verbal (prédicat)**.

Le vainqueur reçoit une médaille.

↑   ↑

sujet   groupe verbal (prédicat)

● Le sujet

Comme nous l'avons vu page 32, le sujet peut être :
- un **groupe nominal** : Le vainqueur
- un **nom** : Renaud (le nom du vainqueur)
- un **pronom personnel** : Il (remplace *Le vainqueur* ou *Renaud*).

● Le prédicat

Il comprend le **verbe** et un ou plusieurs **compléments**.
- un verbe et un complément : reçoit **une médaille.**

↑   ↑

verbe   complément du verbe

- un verbe et deux compléments : reçoit **une médaille** et **des fleurs**.

↑   ↑   ↑

verbe   complément   complément

- Il peut être composé uniquement d'un verbe.

Les spectateurs **applaudissent**.

● Associer correctement un sujet et un groupe verbal (prédicat)

Si tu dois compléter une phrase en ajoutant le **sujet** ou le **groupe verbal (prédicat)** :

a. Fais attention à ce que l'ensemble obtenu ait un **sens**.

Mon petit chien ronronne dans son panier.

Cet ensemble de mots **n'a pas de sens** (un chien ne ronronne pas).

Mon petit chien aime les caresses.

Cet ensemble de mots **a un sens**. C'est une phrase.

b. Accorde le verbe du groupe verbal avec le sujet.

Les cosmonautes regagnent la navette spatiale.

Le sujet **cosmonautes** peut être remplacé par **ils** donc le verbe s'écrit à la **3e personne du pluriel**.

Faire

Maths

Hist.-Géo – EMC
Histoire des arts

Sciences
et technologie

Anglais

Évaluations

Code
informatique

1 ★ **Sépare par un trait vertical le sujet et le groupe verbal (prédicat).**

Je m'évalue ☐☐☐

Alicia traverse la rue.
Nous reviendrons.
L'arbitre siffle la faute.
Le directeur de l'école appelle Théo.
J'aime les cerises et les fraises.
Cette nouvelle chanteuse a du succès.

2 ★ **Relie chaque sujet au groupe verbal (prédicat) qui lui correspond.**

Je m'évalue ☐☐☐

La température ● ● a atteint le sommet.
L'alpiniste ● ● baisse.
Nous ● ● a envahi la Gaule.
Une ligne de TGV ● ● est très visité.
Jules César ● ● avons vu deux cerfs.
Ce grand musée ● ● relie Paris à Tours.

3 ★★ **Remplace chaque sujet par un pronom personnel et recopie la nouvelle phrase.**

Je m'évalue ☐☐☐

Les hommes préhistoriques vivaient dans des grottes.

....

....

Christophe Colomb a découvert l'Amérique.

....

....

Les hirondelles sont reparties.

....

....

La navette spatiale a quitté la base de lancement.

....

....

4 ★★ **Ajoute un sujet qui soit un groupe nominal :**

Je m'évalue ☐☐☐

.... repeint la cuisine.

.... recouvre le pré.

.... admirent le château de Fontainebleau.

.... repensent à leur classe de découverte.

5 ★★ **Complète chaque groupe verbal par un verbe que tu choisiras dans la liste suivante : *nettoie, mélange, obéit, double, s'approche.***

Je m'évalue ☐☐☐

Papa .... le pare-brise de la voiture.

Le motard .... le camion.

Le maçon .... le ciment et le sable.

Le chien de chasse .... aux ordres de son maître.

Elle .... du bord de la rivière.

6 ★★ **Ajoute un groupe verbal composé d'un verbe et d'un complément.**

Je m'évalue ☐☐☐

Sophie ....

....

Le petit écureuil ....

....

Ils ....

....

7 ★★★ **Ajoute un groupe verbal composé d'un verbe et de deux compléments reliés par *et*. Utilise les verbes *jouer, manger* et *classer*.**

Je m'évalue ☐☐☐

Maxime ....

....

Nous ....

....

Mon grand frère ....

....

20 Le verbe

Savoir

● Classification des verbes

Les verbes sont classés selon la **ressemblance de leurs terminaisons.**

● **Les verbes qui ont un infinitif en -er** (sauf **aller**).
Ils se conjuguent tous de la même façon (parl**er** → je parl**e**, entr**er** → nous entr**ons**, dîn**er** → elles dîn**ent**…).

● **Les verbes qui ont un infinitif en -ir** et qui se terminent par **-issons** à la 1ʳᵉ personne du pluriel du présent (**finir** → je fin**is**, nous fin**issons**).

● **Les verbes irréguliers.**
Ils ont un **radical qui peut changer.** (je <u>**fais**</u> – je <u>**ferai**</u>) ;

Parmi les verbes irréguliers, on trouve :
– les verbes en **-ir** qui ne se terminent pas par **-issons** au présent
   (ven**ir** → nous ven**ons**…) ;
– les verbes en **-oir** (v**oir** → je v**ois** ; pouv**oir** → tu p**eux** ; voul**oir** → ils veul**ent**…).
– les verbes en **-re** (prend**re** → je prend**s** ; di**re** → vous di**tes** ; fai**re** → vous fai**tes**)
– le verbe **aller.**

● Temps simple et temps composé

Le verbe peut être conjugué à un **temps simple** (en un seul mot) ou à un **temps composé** (en deux mots) à l'aide de l'auxiliaire **être** ou **avoir.**
Il **mange.** (temps simple) – Nous <u>**avons mangé.**</u> (temps composé)
                                          ↑
                                  auxiliaire avoir

Savoir faire

● Reconnaître le radical et la terminaison dans un verbe irrégulier conjugué

1. Isole le radical dans l'infinitif.
Le radical est la partie du verbe qui **ne varie pas.**
Tu peux le repèrer en enlevant la terminaison de l'infinitif.
Nous montons.
Infinitif : **mont/er** ; terminaison : **-er** ;
radical : **mont-.**

2. Sépare le radical de la terminaison dans le verbe conjugué.
Nous mont/ons.
Radical : **mont-** ; terminaison : **-ons.**

1 *

Range les verbes soulignés dans le tableau.

Je <u>monte</u> sur une chaise pour <u>attraper</u> une mouche bleue.

Ce soir-là, peu avant la tombée de la nuit, il <u>arriva</u> du nord-est un coup de vent qui <u>fit</u> <u>grogner</u> le feu.

Du courage, vous en <u>aurez</u> à <u>revendre</u>, sans quoi vous ne <u>serez</u> pas dignes de votre équipe... <u>Ralentir</u> au prochain croisement.

verbes à l'infinitif	verbes conjugués

2 **

Écris l'infinitif des verbes soulignés.

Tu <u>écoutes</u> cette histoire. ....

Il <u>apprend</u> cette chanson. ....

Tu <u>réfléchis</u>. ....

Vous <u>voulez</u> de l'eau ? ....

Tu <u>joues</u> aux échecs. ....

Je <u>vais</u> dans le parc. ....

Nous <u>sommes</u> prêts. ....

Que <u>dis</u>-tu ? ....

3 **

Classe ces verbes dans le tableau.

Prêter – réussir – prendre – étudier – pouvoir – aller – venir – blanchir – saigner – voir – réfléchir.

verbes en -*er*	verbes en -*ir* (-issons)	verbes irréguliers

4 **

Souligne les verbes conjugués à un temps simple et encadre ceux conjugués à un temps composé.

Pendant que je jouais dehors, quelques gouttes de pluie ont commencé à tomber. Alors je suis retourné chez moi.

Un grand cirque a planté ses mâts sur la place et on le voit du fond de toutes les avenues.

J'ai aimé ce que vous avez chanté hier soir. Je le dirai à mes amis.

Pendant que nous admirions ce tableau, quelqu'un est venu nous poser une question.

5 **

Sépare le radical de la terminaison par un trait vertical.

• Danser, obéir, appeler, bâtir, jouer, pleurer, grandir, arriver, rougir, trouer, salir.

• Tu éternues, nous montons, elle finira, ils marchaient, je tomberai, ils croquent, il pliera, nous avançons, elle réfléchissait, nous recommencerons, ils choisiront.

6 ***

Souligne les verbes *être* et *avoir* lorsqu'ils sont employés dans un temps composé.

Nous sommes allés voir notre oncle dans sa maison de campagne.

Cette maison a trois étages, un de plus que la nôtre.

Je suis revenu de la plage plus tôt que prévu car j'avais un peu froid.

Vous retrouver dans ces conditions, c'est une vraie surprise !

Il a pris beaucoup de temps pour réparer ce pneu crevé.

On a un peu de mal à dormir, ce soir.

Les touristes sont rentrés chez eux.

Notre chat est sur le rebord de la fenêtre de la cuisine.

Vous avez revu Max ?

Maths

Hist.-Géo – EMC Histoire des arts

Sciences et technologie

Anglais

Évaluations

Code informatique

21 Le présent : verbes en -*er*, -*ir* / Être et *avoir*

Savoir

Dictée 1

Dictée 7

Dictée 8

On emploie le présent de l'indicatif pour exprimer un fait qui se déroule, le plus souvent, **au moment où l'on en parle**.
Je mange. Les chevaux galopent.

● **Présent des verbes en -*er***
Les verbes en -*er* se conjuguent comme le verbe **parler** :

je parl**e**   tu parl**es**   il/elle parl**e**
nous parl**ons**   vous parl**ez**   ils/elles parl**ent**

● **Présent des verbes en -*ir* (issons)**
Les verbes en -*ir* (issons) se conjuguent comme le verbe **grandir** :

je grand**is**   tu grand**is**   il/elle grand**it**
nous grand**issons**   vous grand**issez**   ils/elles grand**issent**

● **Présent des verbes *être* et *avoir***

Être :   je **suis**   tu **es**   il/elle **est**
            nous **sommes**   vous **êtes**   ils/elles **sont**
Avoir : j'**ai**   tu **as**   il/elle **a**
            nous **avons**   vous **avez**   ils/elles **ont**

Savoir faire

● **Savoir conjuguer les verbes en -yer**
• Les verbes en **-yer** changent leur **y** en **i** devant un **e muet**.
Envo**y**er → il envo**ie**.

Remarque les verbes en **-ayer** peuvent s'écrire avec un **y** ou un **i**.
Il bala**y**e ou il bala**i**e.

● **Savoir conjuguer les verbes en -cer, -ger**
• Les verbes en **-cer** (comme avancer) s'écrivent avec **ç** avant **o**, pour obtenir le **son [s]** : nous avan**ç**ons.
• Les verbes en **-ger** (comme manger) s'écrivent avec **ge** devant **o** pour obtenir le **son [je]** : nous man**ge**ons.

● **Distinguer un verbe en -ier d'un verbe en -ir (-issons)**
Les verbes en **-ier** et les verbes en **-ir** ont une terminaison qui produit le **son [i]** aux trois personnes du singulier du présent de l'indicatif.
Lier (verbes en -er) → je li**e**, tu li**es**, il li**e**.
Obéir (verbes en -ir → -issons) → j'obé**is**, tu obé**is**, il obé**it**.
• Cherche toujours l'**infinitif** et le **groupe** avant d'écrire la terminaison.

Faire

1* Souligne les verbes au présent.

Je m'évalue ☐☐☐

Parfois, elle me coupe les cheveux.
Papa finira la peinture du plafond.
Comment t'appelles-tu ?
Nous agrandissons le salon.
La maîtresse a préféré mon dessin.
Ton stylo à plume ne fonctionne plus !
Il rentrait souvent vers 19 heures.
L'automobiliste fit demi-tour.

2** Écris les verbes au présent.

Je m'évalue ☐☐☐

Il *(caresser)* .... le chat.

Que *(regarder)* .... tu ?

Les clients *(essuyer)* .... leurs pieds en entrant.

La pluie d'orage *(frapper)* .... les carreaux avec violence.

Les joueurs adverses *(entrer)* .... sur le stade.

Nous *(manger)* .... avec appétit.

Tu *(débarrasser)* .... la table et tu la *(nettoyer)* ....

Nous *(rincer)* .... la marmite à grande eau.

Je *(payer)* .... ce que je dois et je *(retourner)* .... chez moi

3** Écris les verbes au présent.

Je m'évalue ☐☐☐

Je *(réfléchir)* ....

« Maintenant, vous *(raidir)* .... la jambe », dit le docteur.

Les soldats *(obéir)* .... aux ordres du capitaine.

Kader *(réussir)* .... toujours très bien la recette du couscous.

Nous *(gravir)* .... le col du Galibier.

Tu *(réunir)* .... toutes les affaires dans cette valise.

Le maçon *(choisir)* .... de bons matériaux pour construire la maison.

4** Écris le verbe *être* et le verbe *avoir* au présent.

Je m'évalue ☐☐☐

Je .... très heureux de te voir.

Comme tu .... grand maintenant !

Nous .... juste à côté du camping, nous .... une petite maison de vacances.

Depuis que vous .... ici, elles .... beaucoup plus gaies

On .... des voisins qui .... charmants.

5** Complète en écrivant les terminaisons au présent qui conviennent.

Je m'évalue ☐☐☐

Mon frère est timide, il roug......... quand on lui parle.

Tu étud......... l'anglais avec tes amis ?

Ce fil électrique rel......... la pile à l'ampoule.

Tous les jours, je franch......... la frontière franco-allemande.

Mon grand-père s'assoup......... dans son fauteuil.

Ta petite sœur cr......... sans arrêt.

J'oubl......... tout en ce moment !

6*** Complète au présent.

Je m'évalue ☐☐☐

Que *(raconter)* ....-tu ?

Nous *(changer)* .... de classe.

Tu *(avoir)* .... mal à la tête ?

Tu *(placer)* .... les quilles puis nous *(lancer)* .... nos boules.

Le coureur *(sembler)* .... épuisé, il s'*(appuyer)* .... contre la barrière pour reprendre son souffle.

À la suite d'un coup de pied, Ludo a le mollet qui *(bleuir)* ....

Les pêcheurs *(plier)* .... leurs cannes et *(rentrer)* .... chez eux.

Nous vous *(avertir)* .... : il *(essayer)* .... de vous suivre.

Maths

Hist.-Géo – EMC
Histoire des arts

Sciences
et technologie

Anglais

Évaluations

Code
informatique

22 Le présent : verbes irréguliers

Savoir

Dictée 1

Dictée 7

Dictée 8

OBJECTIF • Savoir conjuguer les verbes irréguliers du programme

En règle générale, les verbes irréguliers se terminent au présent de l'indicatif par **-s, -s, -t, -ons, -ez, -ent**. Ils ont un radical qui peut varier.

Aller   je vai**s**   **Prendre**   tu prend**s**
           nous all**ons**   vous pren**ez**.

Savoir faire

● Conjuguer quelques verbes irréguliers

● Aller
je v**ais**
tu v**as**
il/elle v**a**
nous all**ons**
vous all**ez**
ils/elles v**ont**

Faire
je fai**s**
tu fai**s**
il/elle fai**t**
nous fais**ons**
vous fait**es**
ils/elles f**ont**

Prendre
je prend**s**
tu prend**s**
il/elle pren**d**
nous pren**ons**
vous pren**ez**
ils/elles prenn**ent**

● Venir
je vien**s**
tu vien**s**
il/elle vien**t**
nous ven**ons**
vous ven**ez**
ils/elles vienn**ent**

Voir
je voi**s**
tu voi**s**
il/elle voi**t**
nous voy**ons**
vous voy**ez**
ils/elles voi**ent**

Pouvoir
je peu**x**
tu peu**x**
il/elle peu**t**
nous pouv**ons**
vous pouv**ez**
ils/elles peuv**ent**

● Dire
je di**s**
tu di**s**
il/elle di**t**
nous dis**ons**
vous dit**es**
ils/elles dis**ent**

Vouloir
je veu**x**
tu veu**x**
il/elle veu**t**
nous voul**ons**
vous voul**ez**
ils/elles veul**ent**

Devoir
je doi**s**
tu doi**s**
il/elle doi**t**
nous dev**ons**
vous dev**ez**
ils/elles doiv**ent**

Remarque Les verbes de la famille de **dire** (redire), **faire** (défaire, refaire…), **prendre** (apprendre, reprendre, surprendre…), **venir** (revenir, devenir…) et **voir** (revoir, entrevoir) se conjuguent comme les verbes modèles.

● Bien employer le présent de l'indicatif
Le présent de l'indicatif est utilisé pour exprimer :
● ce qui se passe **maintenant** ;
En ce moment, j'**apprends** ma poésie.
● ce qui se passe **habituellement** ;
Tous les soirs, il **prend** un bain.
● ce qui va se passer dans **peu de temps**.
J'**arrive** dans une minute.

1 *

Indique la valeur du présent pour chaque verbe souligné *(maintenant – habituellement – dans peu de temps).*

Papa revient dans une heure.

....

Chaque mois, ce coureur cycliste parcourt deux mille kilomètres.

....

Il écrit un message à son ami.

....

Je sors les livres pour les couvrir.

....

Nous y allons dimanche prochain.

....

2 ★★

Relie les pronoms aux verbes.

- font
- tu •   • apprends
- vous •   • voyons
- je •   • deviennent
- j' •   • doit
- nous •   • peux
- il •   • va
- elles •   • dites
- • veulent

3 ★★

Complète avec la terminaison du présent qui convient.

Il appren............ une bonne nouvelle.

Elle vien............ nous voir au village.

Que fai............-vous ici ?

Vous dit............ des poèmes lors du spectacle ?

Vous voul............ des bonbons ?

Je peu............ vous en parler.

Je doi............ partir à 8 heures et demie.

Ils voi............ un vol de perdreaux.

Nous all............ à la campagne.

4 ★★

Écris au présent de l'indicatif.

devoir	je	nous ....
venir	nous	tu ....
aller	je	vous ....
pouvoir	tu	ils ....
faire	ils	nous ....
voir	vous	nous ....
prendre	elle	elles ....

5 ★★

Écris à la personne correspondante du singulier ou du pluriel.

Que voulez-vous ?

....

Il dit souvent la même chose.

....

Je me souviens de cet homme.

....

Nous allons au restaurant avec papa.

....

Vous voulez partir tout de suite ?

....

Il ne voit plus ce qu'il faut faire.

....

6 ★★★

Écris les verbes entre parenthèses au présent de l'indicatif.

Je *(vouloir)* .... boire un peu d'eau.

Nous *(reprendre)* .... des chips et des fruits.

Le chien *(aller)* .... à la niche.

Tu *(défaire)* .... ton lit ?

Je *(revoir)* .... ma leçon.

Vous *(pouvoir)* .... venir ?

Je *(redire)* .... la même chose.

Ils *(devoir)* .... rentrer à 8 heures.

Elle *(venir)* .... de trouver une solution pour résoudre ce problème.

23 L'imparfait

Savoir

Dictée 2
Dictée 5
Dictée 10

L'imparfait exprime un fait passé qui a duré **un certain temps** ou des **actions habituelles**.
Ils **restaient** des heures à observer les étoiles.
Chaque dimanche, nous **allions** à la campagne.

● **Les verbes à l'imparfait**

Parler
je parl**ais**
tu parl**ais**
il/elle parl**ait**
nous parl**ions**
vous parl**iez**
ils/elles parl**aient**

Finir
je fin**issais**
tu fin**issais**
il/elle fin**issait**
nous fin**issions**
vous fin**issiez**
ils/elles fin**issaient**

Aller
j'all**ais**
tu all**ais**
il/elle all**ait**
nous all**ions**
vous all**iez**
ils/elles all**aient**

Dire
je dis**ais**
tu dis**ais**
il/elle dis**ait**
nous dis**ions**
vous dis**iez**
ils/elles dis**aient**

Devoir
je dev**ais**
tu dev**ais**
il/elle dev**ait**
nous dev**ions**
vous dev**iez**
ils/elles dev**aient**

Prendre
je pren**ais**
tu pren**ais**
il/elle pren**ait**
nous pren**ions**
vous pren**iez**
ils/elles pren**aient**

Pouvoir
je pouv**ais**
tu pouv**ais**
il/elle pouv**ait**
nous pouv**ions**
vous pouv**iez**
ils/elles pouv**aient**

Venir
je ven**ais**
tu ven**ais**
il/elle ven**ait**
nous ven**ions**
vous ven**iez**
ils/elles ven**aient**

Vouloir
je voul**ais**
tu voul**ais**
il/elle voul**ait**
nous voul**ions**
vous voul**iez**
ils/elles voul**aient**

Savoir faire

● **Conjuguer des verbes particuliers à l'imparfait**
● Les verbes en **-ier** s'écrivent avec **2 i** aux deux premières personnes du pluriel.
● Les verbes en **-yer** s'écrivent avec **y + i** aux deux premières personnes du pluriel.

nous cri**ions** ; vous cri**iez**   nous essuy**ions** ; vous essuy**iez**

2 i   **y + i**

● Le verbe **faire** s'écrit : je f**ai**sais, tu f**ai**sais… mais se prononce « fesais ».
● Le verbe **voir** s'écrit avec **y + i** aux deux premières personnes du pluriel.
nous voy**ions** ; vous voy**iez**.

1 ★ Souligne les verbes à l'imparfait.

J'ai travaillé toute la journée.

Ils marchèrent longtemps.

Il se dépêchait pour aller à la plage.

Chaque année, vous faisiez un voyage à l'étranger.

Ils partent tout de suite à la gare.

Tous les soirs, elle prenait un bain.

Nous resterons un peu pour discuter.

Je m'évalue

2 ★★ Relie comme il convient.

il •

vous •   • grandissaient

je •   • arrivais

nous •   • réfléchissait

elles •   • dessiniez

j' •   • bavardions

tu •   • jouais

ils •

Je m'évalue

3 ★★ Complète avec le verbe à l'imparfait.

Pendant nos vacances au bord de la mer, nous *(ramasser)* .... des coquillages.

Je *(recompter)* .... toujours les opérations des problèmes.

Tous les ans, vous *(retrouver)* .... la famille pour les fêtes de fin d'année.

Tu *(aimer)* .... le judo depuis l'enfance.

Les navires *(rentrer)* ....vers midi.

Il *(louer)* .... un bel appartement.

Je m'évalue

4 ★★ Écris les verbes à l'imparfait.

Scier   Nous .... des branches.

Trier   Vous .... vos timbres.

Étudier   J' .... le russe.

Essayer   Nous .... de réussir

Employer Vous .... ce code ?

Tutoyer   Elle .... la maîtresse.

Appuyer   Vous .... trop fort.

Je m'évalue

5 ★★ Écris les terminaisons de l'imparfait qui conviennent.

Mon chien n'obé.................. qu'à moi.

Nous bât.................. un cabanon.

Ma sœur réuss.................. ses études.

Léo et Anna chois.................. le même plat.

Fin..................-vous toujours à l'heure ?

Tu grav.................. la colline chaque jour.

Je m'évalue

6 ★★★ Complète le tableau.

infinitif	personne	imparfait
aller	tu	
vouloir	ils	
pouvoir	je	
voir	nous	
devoir	vous	
prendre	elle	
venir	elles	
dire	il	
faire	je	

Je m'évalue

7 ★★★ Écris ces phrases à l'imparfait.

Nous étudions en Angleterre.

....

Vous voyez souvent vos parents ?

....

Chaque été, je refais du bateau.

....

La pelouse jaunit en été.

....

Ils prennent l'autobus.

....

Vous payez des glaces aux enfants ?

....

Je peux t'aider à apprendre ta leçon.

....

Maths

Hist.-Géo – EMC Histoire des arts

Sciences et technologie

Anglais

Évaluations

Code informatique

24 Le futur / Le passé simple

Savoir

Dictée 5

● Le futur

Un verbe conjugué au futur exprime **un fait à venir**.
Demain, le jour **se lèvera** à six heures dix.

Au futur, les terminaisons sont :
- **verbes en -er :** **-erai, -eras, -era, -erons, -erez, -eront** (Je parl**erai**).
- **verbes en -ir (-issons) :** **-irai, -iras, -ira, -irons, -irez, -iront** (Il fin**ira**).
- **verbes irréguliers :** **-rai, -ras, -ra, -rons, -rez, -ront** (Nous prend**rons**).
- **Être :** je se**rai**, tu se**ras**, il se**ra**, nous se**rons**, vous se**rez**, ils se**ront**.
- **Avoir :** j'au**rai**, tu au**ras**, il au**ra**, nous au**rons**, vous au**rez**, ils au**ront**.

● Le passé simple

Le passé simple exprime un fait du passé de **courte durée** qui s'est déroulé à un **moment précis**. Les joueurs **regagnèrent** rapidement les vestiaires.

Au passé simple, les terminaisons des verbes à la **3ᵉ personne du singulier et du pluriel** sont :
- verbes en **-er** → **-a, -èrent** : il parl**a**, ils parl**èrent**.
- verbes en **-ir (-issons)** → **-it, -irent** : elle fin**it**, elles fin**irent**.
- verbes **irréguliers** :
  - terminaisons **-it, -irent** → il f**it**, elle pr**it**, ils d**irent**, elles part**irent**, ils v**irent**.
  - terminaisons **-us, -ut** → elle d**ut**, il p**ut**, elles voul**urent**.

Et aussi : **aller** → elle all**a**, elles all**èrent** ; **venir** → il v**int**, ils v**inrent** ; **avoir** → elle **eut**, elles **eurent** ; **être** → il f**ut** ; ils fur**ent**.

Savoir faire

● Conjuguer quelques verbes particuliers au futur
- Les verbes en **-ier, -uer, -ouer, -yer** s'écrivent au futur avec un **e muet**.
Les verbes en **-ayer** peuvent conserver le **y**.
étudier : tu étudi**eras** ; **saluer** : il salu**era** ; **jouer** : je jou**erai** ; **essuyer** : nous essui**erons** ;
payer : il pai**era** ou il pay**era**.
- Les verbes **pouvoir** et **voir** prennent **deux r** :
je pou**rr**ai, nous pou**rr**ons ; il ve**rr**a, ils ve**rr**ont.

Faire

1★ Souligne les verbes au futur.

Je m'évalue ☐☐☐

Le taxi arrivera après vingt heures.

J'allais à l'école à Lyon.

Ce plâtre durcira en trente minutes.

Nous avions du temps libre en août.

Les cousins seront à la maison ce soir.

2★ Souligne les verbes au passé simple.

Je m'évalue ☐☐☐

Comme il faisait chaud, il prit un verre d'eau pour se désaltérer.

Nous nous promenions quand un orage éclata brusquement.

Ils eurent envie de quitter la table avant la fin du repas.

Tu parlais un peu espagnol.

3★★ Écris les verbes au futur.

Je m'évalue ☐☐☐

Je *(penser)* .... souvent à toi.

Nous *(réussir)* .... à bâtir une cabane.

Mes parents *(avoir)* .... leurs vacances en juillet.

À partir du mois de mai, tu *(être)* .... libre d'aller au basket, le jeudi soir.

Demain, tu *(inviter)* .... nos voisins au restaurant.

Vous *(décider)* .... plus tard.

4★★ Écris les verbes entre parenthèses au futur.

Je m'évalue ☐☐☐

Vous ne *(remuer)* .... pas.

Les chiens *(aboyer)* ....

Papa *(louer)* .... une maison.

Tu ne t'*(appuyer)* .... pas contre la vitre c'est dangereux.

Je *(skier)* .... une semaine en février.

Ils *(continuer)* .... demain.

Nous ne *(polluer)* .... plus.

Vous *(essayer)* .... ces maillots.

5★★ Complète le tableau suivant.

Je m'évalue ☐☐☐

infinitif	personne	passé simple
être	elle	
vouloir	il	
pouvoir	ils	
voir	elle	
devoir	il	
prendre	elles	
venir	ils	
dire	il	
avoir	elles	

6★★ Écris les verbes au futur.

Je m'évalue ☐☐☐

Ils *(vouloir)* ....

Je *(pouvoir)* ....

Il *(faire)* ....

Nous *(aller)* ....

Tu *(devoir)* ....

Elle *(dire)* ....

Vous *(venir)* ....

Je *(prendre)* ....

Tu *(voir)* ....

7★★★ Recopie chaque phrase en la mettant au futur puis au passé simple.

Je m'évalue ☐☐☐

Il dépose ses papiers sur le bureau.

....

....

Elles agissent pour le mieux.

....

....

Elle refait son problème.

....

....

Ils prennent le train et vont à Paris.

....

....

25 Le passé composé

Savoir

Dictée 3

Le passé composé exprime des faits passés. Il est formé de l'**auxiliaire** *être* ou *avoir* au présent de l'indicatif et du **participe passé** du verbe conjugué.

Tu **as changé**. Il **est venu**.
↑ ↑ ↑ ↑
auxiliaire participe passé auxiliaire participe passé

● **Le passé composé avec l'auxiliaire *être***

Tomber : je suis tomb**é(e)** nous sommes tomb**és(ées)**
tu es tomb**é(e)** vous êtes tomb**és(ées)**
il/elle est tomb**é(e)** ils/elles sont tomb**és(ées)**

Le participe passé **s'accorde** en genre et en nombre avec le sujet comme un attribut du sujet.

● **Le passé composé avec l'auxiliaire *avoir***

Finir : j'ai fin**i** tu as fin**i** il/elle a fin**i**
nous avons fin**i** vous avez fin**i** ils/elles ont fin**i**

Le participe passé **ne s'accorde pas** avec le sujet.

Savoir faire

● **Trouver la terminaison du participe passé**
● Les verbes en **-er** ont un participe passé terminé par **-é**.
jeter → jet**é** ;
accrocher → accroch**é**.

● Les verbes en **-ir (-issons)** ont un participe passé terminé par **-i**.
finir → fin**i** ;
réussir → réuss**i**.

● Les **verbes irréguliers** ont le plus souvent un participe passé terminé par **-é** (aller), **-u**, **-t** ou **-s** (ou **-û** pour le verbe devoir).
aller → all**é** ; **venir** → ven**u** ; **devoir** → d**û**
pouvoir → p**u**. **voir** → v**u** ; **vouloir** → voul**u**
faire → fai**t** ; **prendre** → pri**s** ; **dire** → di**t**

Remarque **avoir** → eu ; **être** → été.

● **Trouver la lettre finale muette d'un participe passé**
Mets le participe passé au féminin singulier.
Il a fait beau (fait → fai**te**).
J'ai pris froid (pris → pri**se**).

Faire

Je m'évalue
☐ ☐ ☐

1 ★ **Souligne les verbes conjugués au passé composé.**

Je suis arrivé ce matin.

Les enfants aiment-ils les frites ?

Nous sommes rentrés après le déjeuner.

David a trouvé un oiseau blessé.

Ce chaton a froid.

Mes amis sont allés au ski.

Je m'évalue
☐ ☐ ☐

2 ★★ **Classe les verbes dans le tableau selon qu'ils se conjuguent avec *être* ou *avoir* au passé composé.**

Ranger – dire – devoir – vouloir – arriver – aller – prendre – venir – être – avoir.

être	avoir

Je m'évalue
☐ ☐ ☐

3 ★★ **Écris le pronom sujet qui convient.**

.... avons chanté devant le maire.

.... es retourné chez toi ?

.... suis allé au parc.

.... est revenue plus tôt.

.... sont entrés par la fenêtre.

Je m'évalue
☐ ☐ ☐

4 ★★ **Écris le participe passé des verbes suivants au masculin singulier.**

manger (.....................) ; choisir (.....................)

voir (.....................) ; prendre (.....................)

faire (.....................) ; aller (.....................)

vouloir (.....................) ; dire (.....................)

venir (.....................) ; pouvoir (.....................)

Je m'évalue
☐ ☐ ☐

5 ★★ **Écris au passé composé.**

J' *(pouvoir)* .... y aller tout seul.

Elles *(passer)* .... sans nous voir.

Ils *(venir)* .... jouer au loto.

Ma sœur *(gagner)* .... aux échecs.

Nous *(prendre)* .... froid hier.

Marie *(avoir)* .... le temps d'aller à la cave.

Tu *(noter)* .... ce que tu *(voir)* .... ?

Je m'évalue
☐ ☐ ☐

6 ★★★ **Écris la terminaison qui convient.**

Ils ont trouv............... un trésor.

Tes amies sont all............... au village.

Marie est arriv............... à 10 heures.

Ma grand-mère a v............... ce film.

Avez-vous corrig............... votre dictée ?

Elle a effac............... le tableau.

Nous avons recoll............... le vase.

Les canards sauvages sont reven............... .

Elle a chois............... ce cadeau pour sa mère.

Je m'évalue
☐ ☐ ☐

7 ★★★ **Écris les verbes entre parenthèses au passé composé.**

Maman *(redire)* .... à Lucas de faire des efforts en conjugaison.

Nous *(reprendre)* .... la même route pour rentrer.

Les coureurs du Tour de France *(passer)* .... en Italie.

Ces pommes *(pourrir)* ....

Qu' *(devenir)* .... ton cousin ?

Les deux filles *(retourner)* .... en classe sans parler.

Vous *(défaire)* .... toute cette construction ?

C'est bien Paul, tu *(revenir)* .... au bon endroit.

Maths

Hist.-Géo – EMC Histoire des arts

Sciences et technologie

Anglais

Évaluations

Code informatique

26 Le pluriel des noms

Savoir

Au **pluriel**, les noms prennent généralement un **-s**.
Un torrent → des torrent**s**.

Remarque Les noms qui se terminent par **-s**, **-z**, **-x** sont invariables
(des souris, des gaz, des noix).

Savoir faire

● **Traiter les cas particuliers**

• Les **noms en -eau**, **-au**, **-eu** prennent le plus souvent un **-x** au pluriel.
le gâteau → les gâteau**x** ;
un tuyau → des tuyau**x** ;
un jeu → des jeu**x**.
Exceptions : des landaus, des bleus, des pneu**s**.

• Les **noms en -al**, **-ail** s'écrivent, dans l'ensemble, **-aux** au pluriel.
un journ**al** → des journ**aux** ;
le trav**ail** → les trav**aux**.

Remarque bal, carnaval, récital, festival ainsi que détail, gouvernail, portail et rail
prennent un **-s** au pluriel. des bal**s**, des rail**s**.

• **Certains noms en -ou** prennent un **-s** au pluriel.
un clou → des clou**s** ;
un trou → des trou**s**.

Sept noms en -ou prennent un **-x** au pluriel :
bijou, caillou, chou, genou, hibou, joujou et pou.
le genou → les genou**x** ;
un caillou → des caillou**x**.

1 ⭐ Complète en utilisant certains des déterminants proposés.

• *le – la – les*

.... ballons sont dégonflés.

.... ballon est dégonflé.

• *son – sa – ses*

.... partenaire est blessée.

.... partenaires sont blessées.

• *ce – cet – cette – ces*

.... histoires me font rire.

.... champ va être labouré.

.... aventure se termine bien.

2 ⭐⭐ Ajoute un -s lorsqu'il le faut.

Ses crayon......... ; le fil......... ; ce lac......... ; des fleur......... ; notre classe......... ; les valise......... ; un âne......... ; ces arbre......... ; ma règle.........

3 ⭐⭐ Complète les phrases en écrivant les noms entre parenthèses comme il convient.

Les *(demoiselle)* ....

d'honneur du mariage portent toutes des *(robe)* .... blanches.

Mon *(voisin)* .... d'en face collectionne les *(nez)* .... de clown.

Deux *(brebis)* .... se sont échappées du troupeau.

Lors d'un vote, il faut compter les *(voix)* .... pour savoir qui sera élu.

Le *(pilote)* .... de la pirogue, de l'arrière, faisait un *(signe)* ....

discret à ses *(homme)* ...., et l'*(embarcation)* .... venait doucement s'immobiliser au-dessous d'un de ces gigantesques *(arbre)* ....

qui débordent parfois au-dessus des *(flot)* .... du gigantesque fleuve.

4 ⭐⭐ Mets les noms entre parenthèses au pluriel.

Les *(bateau)* .... appareillent.

Les *(troupeau)* .... de vaches paissent dans les *(pré)* ....

Ce vélo a ses *(pneu)* .... à plat.

Il faut faire la chasse aux *(pou)* ....

Les *(trou)* .... sont profonds.

Je stoppe aux *(feu)* .... rouges.

5 ⭐⭐ Écris ces noms au pluriel.

le travail → ....

l'émail → ....

un détail → ....

un portail → ....

le gouvernail → ....

un vitrail → ....

6 ⭐⭐⭐ Écris ces noms au pluriel.

un festival → ....

le général → ....

un bal → ....

un métal → ....

un canal → ....

le carnaval → ....

7 ⭐⭐⭐ Écris au pluriel.

Ces *(île)* .... du Pacifique sont entourées de *(corail)* ....

Les *(raz)* .... de marée portent aussi le nom de tsunamis.

Il y a des *(cerceau)* .... dans l'armoire.

Les *(noix)* .... ont une coque dure.

J'ai des *(bleu)* .... au bras.

Tous les *(tuyau)* .... sont percés.

Le tramway roule sur des *(rail)* ....

Il y a deux *(verrou)* .... à la porte.

Maths

Hist.-Géo – EMC Histoire des arts

Sciences et technologie

Anglais

Évaluations

Code informatique

27 Les accords dans la phrase

Dictée 2

Dictée 7

Dictée 9

Savoir

● Accord de l'adjectif avec le nom

L'adjectif **s'accorde** en genre et en nombre avec le **nom** ou le **pronom** auquel il se rapporte.

un fruit vert → il est vert (masculin, singulier) ;

une pomme vert**e** → elle est vert**e** (**e** du féminin) ;

des fruits vert**s** → ils sont vert**s** (**s** du masculin pluriel) ;

des pommes vert**es** → elles sont vert**es** (**es** du féminin pluriel).

● Accord du participe passé employé *seul* ou avec *être*

Le participe passé employé **seul** ou avec l'auxiliaire **être** s'accorde **comme un adjectif**.

Les **loups** affam**és**. (masculin, pluriel)

Deux **vitres** sont cass**ées**. (féminin, pluriel)

Émerveill**ée**, **Amélie** saute de joie. (féminin, singulier)

● Accord du verbe avec son sujet

Le verbe s'accorde toujours avec son **sujet**, quelles que soient la nature et la place du sujet (voir fiche 14).

Le car arriv**e**. (singulier)

D'où vienn**ent-ils** ? (pluriel)

Une haute muraille les protèg**e**. (singulier)

Savoir faire

● Accorder les verbes en -er au présent

Cherche à quelle personne le verbe est conjugué.

● La terminaison est **-e** à la 1re personne et à la 3e personne du singulier.
Je mang**e** ; il/elle mang**e**.

● La terminaison est **-es** à la 2e personne du singulier.
Tu mang**es**.

● La terminaison est **-ent** à la 3e personne du pluriel.
Ils/elles mang**ent**.

1 ★ Relie comme il convient.

un tapis •

des draps •   • bleu

elle est •   • bleus

des jupes •   • bleue

elles sont •   • bleues

une toile •

2 ★★ Accorde les adjectifs.

Les *(grand)* .... rapaces sont en voie de disparition.

Ces pantoufles sont *(chaud)* ....
et *(confortable)* ....

Maman a acheté une écharpe *(noir)* ....
et *(jaune)* ....

Ces *(beau)* .... robes *(blanc)*
.... sont en solde.

3 ★★ Écris correctement les participes passés.

Le champ *(labouré)* ....

Les bras *(croisé)* ....

La leçon *(su)* ....

Les frites *(salé)* ....

Elle est *(cassé)* ....

Elles sont *(réuni)* ....

4 ★★ Écris correctement les participes passés.

Les câbles sont *(tendu)* ....

Très *(applaudi)* ...., les chanteuses sont *(félicité)* ....

La rue principale était *(pavé)* ....
de pierres *(poli)* .... et *(usé)* ....

Une fois les vaches *(rentré)* ....
dans l'étable, la porte est *(fermé)* ....

Les coureurs, *(aligné)* .... sur la ligne du départ, étaient *(pressé)* ....
de partir.

5 ★★ Souligne le sujet et accorde le verbe au présent.

De nombreux clients *(se presser)* ....
devant les boutiques.

Tom et Éléa *(rentrer)* .... de la fête foraine.

Le grand-père de Roxane, malgré les pluies glacées de novembre, *(aller)* ....
chaque matin marcher dans la campagne.

«Dans quelle direction nous *(diriger)*
...........................-nous maintenant ?» *(demander)* .... les touristes.

L'orage les *(effrayer)* ....

6 ★★★ Complète avec -e, -es ou -ent.

Depuis que tu jou........ avec moi, nos parents te salu........ .

Les vignerons de mon pays se lèv........ au premier jour, tandis que la brume argent........ les peupliers, les ormes et les platanes. Ils se répand........ dans les vignes et cueill........ le raisin délicieux de la terre.

Ici, tu respir........ le grand air et le soleil nous réchauff........ .

7 ★★★ Fais les accords nécessaires. Écris les verbes au présent.

De *(nombreux)* .... averses sont *(prévu)* .... ce week-end. Des rafales de vent *(souffler)* .... déjà, le ciel *(se couvrir)* .... et le thermomètre *(enregistrer)* .... une *(fort)* .... baisse. Les fruits et les légumes *(saisonnier)* .... que *(protéger)* .... les haies sont presque *(bon)* .... à cueillir. Rapidement *(coupé)* ...., tes bottes de foin seront *(rentré)* ....

28 Les homophones grammaticaux (1)

Savoir

Dictée 6

• Les homophones sont des mots qui produisent des sons identiques.

ce / se   ces / ses   c'est / s'est   c'était / s'était

Savoir faire

● Écrire ce / se

• **ce**, lorsqu'il accompagne un **nom**, est un **déterminant qui indique ce que l'on montre**.
Ce chemin est agréable.

• **se** (**s'**) est un **pronom personnel**. Il se trouve devant un **verbe**.
Rodrigo **se** prépare.

● Écrire ces / ses

• **ces** est le pluriel de **ce, cet, cette** : c'est un **déterminant qui indique ce que l'on montre**. Tu peux remplacer **ces** et le nom qu'il accompagne par *ceux-ci* ou *celles-ci*.
Ces arbres sont malades. *(ceux-ci)*   J'adore **ces** confiseries. *(celles-ci)*

• **ses** cst le pluriel de **sa** ou **son** : c'est un **déterminant qui indique la possession**. Tu peux remplacer **ses** et le nom qu'il accompagne par *les siens* ou *les siennes*.
Il a oublié **ses** stylos. *(les siens)*   J'aime **ses** confitures. *(les siennes)*

● Écrire c'est / s'est

• **c'est** (ou **c'était**) est suivi soit d'un **groupe nominal** (ou d'un pronom) soit d'un **adjectif**. Tu peux souvent remplacer *c'est* par *cela est*.
C'est un chat. (*Cela est* un chat.) **C'était** lui.

• **s'est** (ou **s'était**) est suivi d'un **participe passé**. Il fait partie d'un **verbe** au passé composé. Tu peux le **conjuguer**.
Il **s'est** (ou **s'était**) coupé, tu t'es coupé, ils se sont coupés.

Faire

1 ★ Classe les mots suivants dans la colonne qui convient.

Je m'évalue □□□

Laver – repas – jouet – avancer – servir – service – tableau – tromper – métier – balancer.

mots pouvant être précédés de ce	mots pouvant être précédés de se ou s'

2 ★★ Complète par se, s' ou ce.

Je m'évalue □□□

Les enfants .... amusent dans .... jardin.

.... jeu est vraiment passionnant.

Pendant .... temps, leurs parents .... rafraîchissent dans la piscine.

Le 15 : il faut bien .... souvenir de .... numéro de téléphone.

Kevin .... réveille à 7 heures.

3 ★★ Écris au pluriel.

Je m'évalue □□□

Cet élève : ....

Sa valise : ....

Cette histoire : ....

Son frère : ....

Ce train : ....

4 ★★ Complète par ses ou ces.

Je m'évalue □□□

Mamie parle de .... vacances.

Pour faire du ski, il faut choisir .... chaussures plutôt que celles-ci.

On voit de beaux fruits dans .... rayons.

Louise range .... poupées.

.... rivières se jettent dans la Seine : ce sont .... affluents.

Chacun doit corriger .... fautes d'orthographe avec soin.

5 ★★ Écris les phrases au passé composé.

Je m'évalue □□□

Ils se lavent.

....

Mon frère s'amuse.

....

Elle se dépêche.

....

Les rues se vident.

....

6 ★★ Complète par s'est ou c'est. Recopie les phrases en mettant s'est ou c'est à l'imparfait.

Je m'évalue □□□

.... très amusant de camper.

....

Ton ami .... baigné dans la Manche.

....

..............., vers onze heures, qu'il .... levé.

....

Comme .... grand ici !

....

Le renard .... aperçu de ma présence.

....

7 ★★★ Complète par l'un des homophones étudiés dans ce chapitre.

Je m'évalue □□□

.... agréable de .... baigner dans .... lac.

M. Robert dit que .... papiers sont dispersés dans .... dossiers-là.

S'il .... habillé ainsi, ... pour la cérémonie de la remise des médailles.

.... réconfortant de voir que sa santé .... améliorée et que .... maux de tête ont disparu .... derniers jours.

.... vieux soldat évoque .... souvenirs.

Alex .... réjouit de savoir qu'il aura .... jeu interactif.

Maths

Hist.-Géo – EMC Histoire des arts

Sciences et technologie

Anglais

Évaluations

Code informatique

29 Les homophones grammaticaux (2)

Savoir

Dictée 6

• Les homophones sont des mots qui produisent des sons identiques.

mes / mais   on / on n'   ou / où   la / l'a / l'as / là

Savoir faire

● Écrire mes / mais

• **mes** est un **déterminant qui unit des mots ou des groupes de mots**. Il peut être remplacé par *tes* ou *ses*.

Mes (*tes, ses*) dessins sont exposés au fond de la classe.

• **mais** est un **mot invariable** qui relie des mots, des groupes nominaux ou des propositions.

Il se sent bien **mais** il reste faible.

● Écrire on / on n'

• **on** est un **pronom sujet** (3ᵉ personne du singulier) qui peut être remplacé par *il* ou *elle*.

On rentre ? **Il** rentre ?

• à la **forme négative**, on écrit **on n'** devant un verbe commençant par une voyelle.

On n'entre **plus**.

● Écrire ou / où

• **ou** peut être remplacé par *ou bien*.

Fromage **ou** dessert ? (*ou bien*)

• **où** indique souvent le **lieu**.

Montre-moi l'endroit **où** tu as mal.

● Écrire la / là / l'a / l'as

• **la**, **déterminant**, peut être remplacé par *une, sa…*

la noisette (*une* noisette)

• **la**, **pronom complément du verbe**, remplace un nom féminin.

Il a perdu sa clé, il **la** (*sa clé*) cherche.

• **l'a** peut être remplacé par *l'avait* et **l'as** par *l'avais*.

Il **l'a** (*l'avait*) lu. Tu **l'as** (*l'avais*) lu.

• **là** indique le plus souvent un **lieu**, tu peux le remplacer par *ici*.

Viens **là**. (Viens *ici*.)

Faire

1★ Complète avec **mes** ou **mais**.

Je m'évalue ▢▢▢

.... lunettes sont perdues.

Le maître est sévère .... juste.

Où sont passées .... pantoufles ?

Il a beaucoup de timbres .... il n'a pas de timbres du Danemark.

J'ai dépensé .... derniers euros pour toi, ... je ne le regrette pas.

Nous avons beaucoup travaillé .... nous n'avons pas réussi à finir .... plantations.

2★★ Complète par **on** ou **on n'**.

Je m'évalue ▢▢▢

.... a pas assez d'argent.

.... est au marché de la gare.

Je pense qu'............. s'amuse bien ici.

.... achète jamais de soda chez nous.

Pour les vacances, ... a choisi la Croatie.

Pendant les récréations, ... arrive plus à se voir.

3★★ Complète soit avec **ou**, soit avec **où**.

Je m'évalue ▢▢▢

Tu peux me dire .... est ton école ?

Veux-tu des haricots .... des carottes ?

Il ne sait pas .... il a rangé les petites cuillères ?

Prends ton bonnet .... ton écharpe.

.... irons-nous déjeuner ?

4★★ Remplace les mots soulignés par **une**, **ici**, **l'avait** ou **l'avais**.

Je m'évalue ▢▢▢

Ce poème, tu ne l'as (........................) pas appris ?

La (........................) voiture s'arrête ici.

Il n'est pas là (........................).

La pluie ne l'a (........................) pas empêché de continuer à jouer dehors.

L'as (........................)-tu raccompagné chez lui ?

5★★ Complète par **la**, **l'a**, **l'as** ou **là**.

Je m'évalue ▢▢▢

Où est passée .... chienne ?

Elle n'est pas encore .... ?

On .... vue partir vers la forêt.

Ton frère .... cherche aussi.

Est-ce que tu .... trouvée ?

6★★★ Complète par l'un des homophones proposés.

Je m'évalue ▢▢▢

Je ne sais plus *(ou – où)* .... j'ai posé *(mes – mais)* .... clés.

(on – on n') .... a pas repeint les volets de *(la – l'a – l'as – là)* .... maison cette année *(mes – mais)* .... *(on – on n')* .... le fera l'année prochaine.

(la – l'a – l'as – là) .... semaine dernière, tu *(la – l'a – l'as – là)* .... passée à *(la – l'a – l'as – là)* .... montagne ?

(mes – mais) .... que fais-tu *(la – l'a – l'as – là)* .... ?

Nous sommes en congés *(mes – mais)* .... *(on – on n')* .... a pas reloué la maison *(ou – où)* .... nous étions allés l'an dernier.

Je ne sais plus *(ou – où)* .... j'ai posé *(mes – mais)* .... dés.

7★★★ Complète par un des homophones étudiés dans ce chapitre.

Je m'évalue ▢▢▢

.... est pas capable d'identifier ces vestiges que l' .... a découvert récemment dans le Loiret.

Papa a sorti .... guirlande et .... accrochée au sapin de Noël avec .... frères.

Tu .... vu toi le feu d'artifice ? Non, je n'étais pas .... hier soir.

.... se retrouvera .... les deux routes se rejoignent.

Maths

Hist.-Géo – EMC Histoire des arts

Sciences et technologie

Anglais

Évaluations

Code informatique

Maths

Nombres et calculs

Espace et géométrie

Grandeurs et mesures

+ • des **tables de multiplication en début d'ouvrage**
  • un **bilan page 185**

1 Les nombres entiers (1)

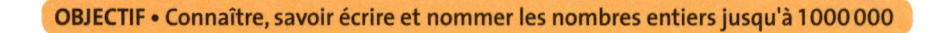

Savoir

- Les nombres entiers s'écrivent avec des chiffres rangés par **classe** : la classe des **unités simples** et la classe des **mille ou milliers**.

- Dans chaque classe, les chiffres sont placés par **rang**.

- Pour faciliter l'écriture d'un nombre, on peut utiliser un tableau :

classe des mille ou milliers			classe des unités simples		
c	d	u	c	d	u
4	0	9	0	1	3

u : unités
d : dizaines
c : centaines

Le nombre placé dans le tableau s'écrit :
    409 013
       ↑
On laisse un **espace** entre deux classes voisines.

Il se lit : quatre-cent-neuf-mille-treize.

Savoir faire

- **Décomposer un nombre entier**

Le nombre **803 091** peut se décomposer ainsi :
- par classe :
$(803 \times 1\ 000) + 91$
- par chiffre :
$(8 \times 100\ 000) + (3 \times 1\ 000) + (9 \times 10) + 1$

- **Faire la différence entre nombre et chiffre**

Dans **304 080** :
- 304 est le **nombre** de milliers,
- 3 est le **chiffre** des centaines de mille,
- 4 est le **chiffre** des unités de mille,
- 8 est le **chiffre** des dizaines d'unités simples (on dit : des dizaines).

Français

Maths

Hist.-Géo – EMC
Histoire des arts

Sciences
et technologie

Anglais

Évaluations

Code
informatique

Faire

1 ★ *Je m'évalue* ☐☐☐
Réécris les nombres suivants en laissant un espace entre chaque classe.

93705 : ....

500043 : ....

2 ★ *Je m'évalue* ☐☐☐
Entoure le nombre en chiffres qui correspond au nombre en lettres.

a. quarante-mille-sept

47 000   40 007   04 700

b. deux-cent-cinquante-mille

200 500   205 000   250 000

3 ★ *Je m'évalue* ☐☐☐
Écris en chiffres.

Vingt-mille-trente :

....

Cent-trente-six-mille-neuf :

....

Neuf-cent-deux-mille :

....

4 ★ *Je m'évalue* ☐☐☐
Écris les nombres en toutes lettres.

85 320 : ....

....

506 803 : ....

....

5 ★★ *Je m'évalue* ☐☐☐
Décompose ces nombres par classe.

98 006 = ...

....

500 029 = ...

....

6 ★★ *Je m'évalue* ☐☐☐
Retrouve les nombres qui ont été décomposés par chiffre.

$(2 \times 10\,000) + (9 \times 100) + 6 =$ ....

....

$(7 \times 100\,000) + (4 \times 10\,000) + (3 \times 1\,000) + 9 =$

....

7 ★★ *Je m'évalue* ☐☐☐
Que représente le chiffre 5 dans :

98 576 : ....

542 012 : ....

8 ★★★ *Je m'évalue* ☐☐☐
Dans le nombre 738 515, quel est :

a. le nombre de centaines d'unités simple :

....

b. le chiffre de centaines d'unités simple :

....

c. le nombre de milliers : ....

d. le chiffre des dizaines de mille : ....

9 ★★★ *Je m'évalue* ☐☐☐
Écris les nombres suivants.

6 dizaines de mille et 47 unités :

....

5 centaines de mille et 246 unités :

....

10 ★★★ *Je m'évalue* ☐☐☐
Résous ce problème.

Un nombre est formé de 6 chiffres. Son chiffre des unités est 8. Le nombre de milliers est 305. Le chiffre des unités est double de celui des centaines. Deux zéros sont écrits dans ce nombre.

Quel est ce nombre ? ....

2 Les nombres entiers (2)

 **Savoir**

À partir d'un nombre donné, tu trouves le nombre :

- juste avant : en **enlevant** une unité,
- juste après : en **ajoutant** une unité.

Exemple : 689 83<u>4</u> < 689 83<u>5</u> < 689 83<u>6</u>

        juste avant **(-1)**   **nombre**   juste après **(+1)**

 **Savoir faire**

• Comparer des nombres entiers

- Si un nombre a **plus de chiffres** qu'un autre, il est **plus grand** que celui-ci.

Exemple : 825 000 > 17 500

      6 chiffres   5 chiffres

- Si les deux nombres ont le même nombre de chiffres, compare-les **chiffre à chiffre** à partir de la gauche.

Exemple : 817 000 < 81**9** 000 car 8 = 8, 1 = 1, mais **7 < 9**.

• Ranger des nombres entiers

Ranger des nombres entiers, c'est les classer dans l'**ordre croissant** (du plus petit au plus grand) ou dans l'**ordre décroissant** (du plus grand au plus petit).

Exemples : ordre croissant : 98 247 < 98 457 < 748 214 < 875 421

        ordre décroissant : 875 421 > 748 214 > 98 457 > 98 247

• Encadrer des nombres entiers

- Encadrer un nombre entier, c'est le **placer entre** deux autres nombres, l'un **plus petit**, l'autre **plus grand**.

Exemple : 906 78**7** < 906 78**8** < 906 78**9**

906 788 est encadré par les deux nombres les plus proches à l'unité près.

- Tu peux aussi encadrer un nombre par les deux nombres les plus proches terminés par **0**, **00** ou **000**.

Exemples : 906 7**80** < 906 7**88** < 906 7**90**

        906 **700** < 906 **788** < 906 **800**

        90**6 000** < 906 **788** < 907 **000**

Faire

1 ★
Je m'évalue ☐☐☐

Compare les nombres suivants en utilisant les signes < ou >.

90 000	958 432
253 620	253 180
542 124	524 124
89 628	89 672

2 ★
Je m'évalue ☐☐☐

Classe dans l'ordre décroissant.

275 149 ; 148 795 ; 245 294 ;

127 549 ; 378 849 ; 7 998

....

3 ★
Je m'évalue ☐☐☐

Classe dans l'ordre croissant.

404 400 ; 444 040 ; 440 404 ;

400 040 ; 444 004 ; 404 440

....

....

4 ★★
Je m'évalue ☐☐☐

Encadre chaque nombre par le nombre placé juste avant et le nombre placé juste après à l'unité près.

.... < 127 438 < ....

.... < 19 389 < ....

.... < 60 000 < ....

.... < 800 000 < ....

5 ★★
Je m'évalue ☐☐☐

Encadre chaque nombre par les deux nombres terminés par 0 les plus proches.

.... < 159 265 < ....

.... < 199 881 < ....

.... < 606 423 < ....

6 ★★
Je m'évalue ☐☐☐

Encadre chaque nombre par les deux nombres terminés par 00 les plus proches.

.... < 52 756 < ....

.... < 245 817 < ....

.... < 631 305 < ....

7 ★★
Je m'évalue ☐☐☐

Complète par un nombre terminé par 000.

70 149< .... < 71 006

148 768< .... < 149 609

485 272< .... < 486 118

8 ★★★
Je m'évalue ☐☐☐

Résous ce problème.

Prends connaissance du nombre d'habitants de ces 10 villes françaises puis réponds aux questions.

Nantes : 291 604	Marseille : 852 516
Rennes : 209 860	Toulouse : 453 317
Montpellier : 268 456	Nice : 343 629
Lille : 228 652	Bordeaux : 241 287
Strasbourg : 274 394	Lyon : 496 343

a. Quelle est la ville :

– la plus peuplée ? ....

– la moins peuplée ? ....

b. Nomme la ville plus peuplée que Strasbourg mais moins peuplée que Nice.

....

c. Quelles sont, dans l'ordre croissant, les villes peuplées de plus de 250 000 habitants ?

....

....

....

Français

Maths

Hist.-Géo – EMC Histoire des arts

Sciences et technologie

Anglais

Évaluations

Code informatique

3 Les fractions

Savoir

● Présentation

● Le segment [AB] est partagé en 4 parties égales.
Le segment [CD] est constitué de 3 de ces parties : il représente les $\frac{3}{4}$ de AB.

Humm!!

A ├──┼──┼──┼──┤ B

C ├──┼──┼──┤ D

$\frac{3}{4}$ est une fraction. ⟨ 3 est le **numérateur**.
4 est le **dénominateur**.

$\frac{3}{4}$ se lit : trois quarts.

Remarque $\frac{1}{2}$ se lit : **un demi** ; $\frac{2}{3}$ se lit : **deux tiers**.

● Une **fraction décimale** a pour dénominateur **10, 100, 1 000**…

Exemples : $\frac{1}{10}$ → **un dixième** ; $\frac{1}{100}$ → **un centième** ; $\frac{1}{1\,000}$ → **un millième**.

● Comparaison des fractions à l'unité

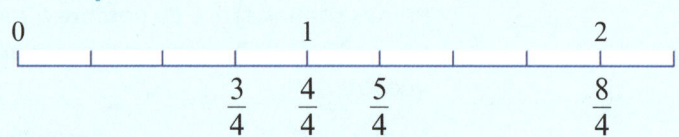

0   1   2

$\frac{3}{4}$ $\frac{4}{4}$ $\frac{5}{4}$ $\frac{8}{4}$

Le segment gradué montre que :
$\frac{4}{4} = 1$; $\frac{3}{4} < 1$; $\frac{5}{4} > 1$ et que $\frac{8}{4}\left(\frac{4}{4}+\frac{4}{4}\right)= 2$.

Une fraction est ⟨
égale à 1 si numérateur = dénominateur.
plus petite que 1 si numérateur < dénominateur.
plus grande que 1 si numérateur > dénominateur.
égale à 2 si numérateur = double du dénominateur.

Savoir faire

● Coder des mesures à l'aide de fractions

A └┴┴┴┴┴┴┴┘ B

C └┴┴┴┘ D

E └┴┴┘ F

Longueur de [**CD**] = $\frac{1}{2}$ de [**AB**]

Longueur de [**EF**] = $\frac{3}{8}$ de [**AB**]

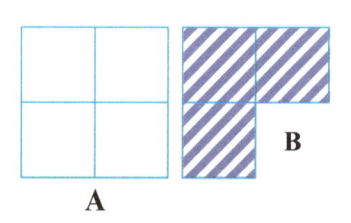

B

A

Aire de **B** = $\frac{3}{4}$ de l'aire de **A**

Français

Maths

Hist.-Géo – EMC
Histoire des arts

Sciences
et technologie

Anglais

Évaluations

Code
informatique

Faire

1 ★   *Je m'évalue* ☐☐☐
Indique la fraction du segment [AB] représentée par chacun des segments [CD], [EF] et [GH].

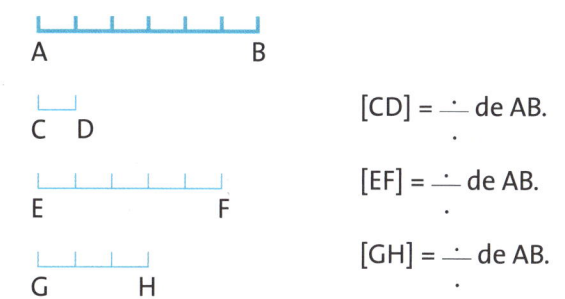

[CD] = $\frac{\cdot}{\cdot}$ de AB.

[EF] = $\frac{\cdot}{\cdot}$ de AB.

[GH] = $\frac{\cdot}{\cdot}$ de AB.

2 ★   *Je m'évalue* ☐☐☐
Écris, en toutes lettres, le nom des fractions suivantes.

$\frac{5}{2}$ = ...

$\frac{7}{4}$ = ...

$\frac{1}{3}$ = ...

3 ★   *Je m'évalue* ☐☐☐
Complète par <, > ou =.

$\frac{1}{4}$. 1 ; $\frac{3}{3}$. 2 ; $\frac{5}{2}$. 1 ; $\frac{6}{3}$. 2

4 ★   *Je m'évalue* ☐☐☐
Entoure les fractions décimales.

$\frac{15}{100}$; $\frac{3}{20}$; $\frac{5}{10}$; $\frac{1}{1000}$; $\frac{20}{50}$; $\frac{11}{100}$

5 ★★   *Je m'évalue* ☐☐☐
Sur la droite graduée suivante, place les fractions suivantes.

$\frac{2}{10}$; $\frac{5}{10}$; $\frac{8}{10}$; $\frac{10}{10}$; $\frac{12}{10}$

O   1

6 ★★   *Je m'évalue* ☐☐☐
Place le point C sur le segment [AB] de manière à ce que [AC] mesure les $\frac{4}{10}$ de [AB].

7 ★★   *Je m'évalue* ☐☐☐
Colorie $\frac{1}{4}$ du rectangle en vert et $\frac{2}{4}$ en rouge.

Quelle fraction du rectangle n'est pas coloriée ? ....

8 ★★   *Je m'évalue* ☐☐☐
Réponds aux questions. Si besoin est reporte-toi à la fiche 23.

a. À quelle unité de longueur correspond $\frac{1}{10}$ de m ? ....

b. À quelle unité de masse correspond $\frac{1}{1000}$ de kg ? ....

c. À quelle unité de contenance correspond $\frac{1}{100}$ de L ? ....

9 ★★★   *Je m'évalue* ☐☐☐
Résous ce problème.

Certains comprimés sont conçus pour être pris par fractions : on dit qu'ils sont sécables.

Colorie ce qui doit être pris par jour selon chacune des prescriptions suivantes.

a. 1 comprimé le matin et $\frac{1}{2}$ le soir (en rouge).

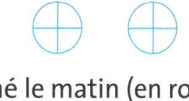

b. $\frac{1}{2}$ comprimé le matin (en rouge),

$\frac{1}{4}$ le midi (en vert) et $\frac{3}{4}$ le soir (en bleu).

4 Les nombres décimaux (1)

Savoir

● **Qu'est-ce qu'un nombre décimal ?**

Un nombre décimal s'écrit à l'aide d'une **virgule**. Il est composé d'une **partie entière** (à gauche de la virgule) et d'une **partie décimale** (à droite de la virgule).

Exemple : 4,12

↗ ↖
partie entière   partie décimale

● **Les chiffres de la partie décimale**

Le premier chiffre à droite de la virgule est le chiffre des **dixièmes**, le deuxième est celui des **centièmes**.

Exemple : 4, 1 2

↗ ↖
dixièmes   centièmes

Savoir faire

● **Lire et écrire un nombre décimal**

4,12 se lit : 4 **unités** 12 **centièmes** ou 4 **virgule** 12.
Pour écrire un nombre décimal, on peut utiliser un tableau.

partie entière		partie décimale	
dizaines	unités	dixièmes	centièmes
	4,	1	2

Place la virgule **à droite** du chiffre représentant les unités.

Remarque Tu peux supprimer le(s) zéro(s) **à droite de la partie décimale**.
Dans 7,50, tu peux enlever le 0 car il n'y a pas de centièmes (7,5̸0 = 7,5).

● **Repérer et placer des nombres décimaux sur une droite graduée**

La droite est graduée de 1 en 1. Tu peux y placer des nombres décimaux dont la partie décimale ne comporte que des dixièmes.

10   10,6   11   11,4   12

La droite ci-dessous est graduée de 0,1 en 0,1. Tu peux y placer des nombres décimaux dont la partie décimale comporte des centièmes.

10,1   10,13   10,2 ou 10,20   10,27   10,3
ou 10,10   ou 10,30

Faire

Français

Maths

Hist.-Géo – EMC
Histoire des arts

Sciences
et technologie

Anglais

Évaluations

Code
informatique

1★

Je m'évalue

Entoure la partie entière en rouge et la partie décimale en bleu dans ces nombres décimaux.

37,06   174,1   46,25   0,3

2★

Je m'évalue

Que représente le chiffre 2 dans les nombres décimaux suivants ?

8, 72 : ....

15, 27 : ....

12, 8 : ....

3★

Je m'évalue

Écris les nombres suivants dans le tableau.

7,8   32,65   0, 07   275,7

centaines	dizaines	unités	dixièmes	centièmes

4★

Je m'évalue

Dans chacune des listes suivantes, entoure les nombres égaux.

a. 21,60   21,6   21,50   21,05

b. 3,7   3,60   3,70   3,06

c. 12,40   12,04   12,80   12,4

5★★

Je m'évalue

Écris selon l'exemple.

Ex. : 8 unités 15 centièmes : 8, 15

12 unités 7 dixièmes : ....

9 unités 63 centièmes : ....

6 unités 9 centièmes : ....

6★★

Je m'évalue

Écris en lettres les nombres suivants.

30, 8 : ....

82, 14 : ....

9, 07 : ....

7★★

Je m'évalue

Place correctement les nombres décimaux suivants sur la droite graduée.

20,7   21,2   22,3   20,1   21,8

8★★

Je m'évalue

Place correctement les nombres décimaux suivants sur la droite graduée.

20,25   20,07   20,16   20,08   20,33

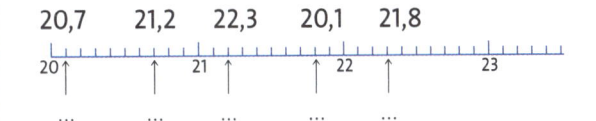

9★★★

Je m'évalue

Résous ce problème.

Un nombre décimal est composé de 5 chiffres.
La partie entière est 374.
Le chiffre des centièmes est le double de celui des unités.
Le chiffre manquant est un zéro.

Retrouve ce nombre.

....

5 Les nombres décimaux (2)

Savoir

• Comparer deux nombres décimaux, c'est pouvoir dire quel est le **plus petit** et quel est le **plus grand**.

• Si les parties entières sont **différentes**, il n'est pas nécessaire de comparer les parties décimales.

Exemple : **3** , 1   est plus grand que **2** , 95   car **3 > 2**

3 unités   2 unités

Savoir faire

● **Comparer deux nombres décimaux dont les parties entières sont identiques**

• Compare les chiffres des **dixièmes** : 8,5**1** > 8,4**8**   car **5 > 4**

• Si les chiffres des dixièmes sont identiques, compare les chiffres des **centièmes** :

$$8,5\mathbf{1} < 8,5\mathbf{7}\quad\text{car } \mathbf{1} < \mathbf{7}$$

● **Ranger des nombres décimaux**

• Pour ranger des nombres décimaux dans un ordre donné, compare d'abord **les parties entières**.

• Si elles sont identiques, compare **un à un** les chiffres à droite de la virgule.

Exemple : 2_1_,15 > 1_6_,57 > 1_4,7_5 > 1_4,5_7

21 > 16 ;16 > 14 ; 7 > 5

● **Encadrer des nombres décimaux entre deux nombres entiers**

• Prends les nombres entiers **les plus proches** du nombre donné.

Exemple : 7,95 peut être encadré par **7** et **8**, car **7** et **8** sont les nombres entiers les plus proches de 7,95.

Tu peux écrire : **7** < 7,95 < **8** ou **8** > 7,95 > **7**

Français

Maths

Hist.-Géo – EMC
Histoire des arts

Sciences
et technologie

Anglais

Évaluations

Code
informatique

 Faire

1★ Complète par < ou >.

Je m'évalue

98,1 .....> 96,9   227,25 ....< 272,52

186,07 ...> 49,87   102,5 ....< 401, 03

669,48 ....< 969,12   99,98 ....< 675,81

2★ Complète par <, > ou =.

Je m'évalue

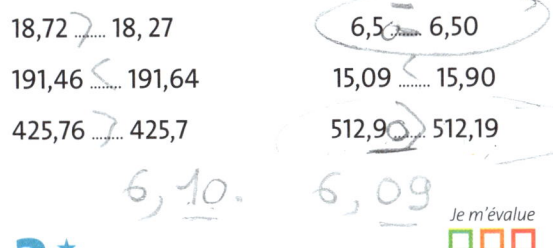

18,72 ..... 18, 27   6,5 6,50

191,46 191,64   15,09 15,90

425,76 425,7   512,9 512,19

6, 10.   6, 09

3★ Complète le tableau suivant par une croix lorsque l'affirmation est vraie.

Je m'évalue

	est plus petit que 1	est plus grand que 2	est compris entre 1 et 2
2,03			
1,99			
1,01			
0,87			
1,5			
0,9			
2,1			

4★ Range dans l'ordre croissant.

Je m'évalue

0,2   35,60   20,5   0,01   20,09   7

....

5★ Range dans l'ordre décroissant.

Je m'évalue

12,7   1,27   0,17   127   0,07   2,17

....

6★★ Avec les chiffres 9 , 2 , 4 et 6, écris :

Je m'évalue

a. le plus grand nombre décimal ayant un chiffre après la virgule : ....

b. le plus petit nombre décimal ayant deux chiffres après la virgule : ....

7★★ Encadre les nombres décimaux par deux nombres entiers qui se suivent.

Je m'évalue

.... < 4,02 < ....

.... < 76,1 < ....

.... < 186,76 < ....

8★★★ Résous ce problème. Voici le prix de quelques livres exprimés en euros.

Je m'évalue

7,75   18,50   21,50   15,25   31,50   25,50   11,40

Indique les prix compris :

entre 10 € et 30 € : ....

entre 5 € et 20 €   :...........................

9★★★ Résous ce problème. Elias hésite entre plusieurs promenades à bicyclette.

Je m'évalue

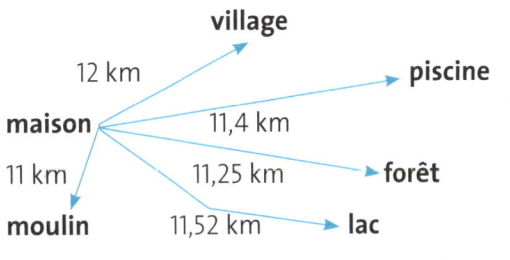

village

12 km

piscine

maison   11,4 km

11 km   11,25 km   forêt

moulin   11,52 km   lac

a. Classe ces distances dans l'ordre croissant.

....

b. Elias choisit la promenade la plus courte. Où ira-t-il ? ....

6 Fraction décimale et nombre décimal

OBJECTIF • Passer d'une écriture fractionnaire à une écriture à virgule et réciproquement

Savoir

- Tu peux écrire une **fraction décimale** sous la forme d'un **nombre à virgule**.

Exemple : $\frac{3}{10}$ (**3 dixièmes**) peut s'écrire 0,3 (**3 dixièmes**).

- Tu peux aussi faire l'inverse.

Exemple : 0,25 (**25 centièmes**) peut s'écrire $\frac{25}{100}$ (**25 centièmes**).

- Le nombre à virgule comporte **autant de chiffres à droite de la virgule** qu'il y a de **zéros au dénominateur** de la fraction décimale.

Savoir faire

● **Passer d'une fraction décimale à un nombre décimal (ou inversement)**

1. Le nombre est **plus petit que 1** :

- $\underset{\substack{\uparrow \\ \text{1 zéro}}}{\frac{5}{\mathbf{10}}}$ (5 dixièmes) = $\underset{\substack{\uparrow \\ \text{1 chiffre décimal}}}{0,\mathbf{5}}$ (5 dixièmes)

- $\underset{\substack{\uparrow \\ \text{2 chiffres décimaux}}}{0,\mathbf{28}}$ (28 centièmes) = $\underset{\substack{\uparrow \\ \text{2 zéros}}}{\frac{28}{\mathbf{100}}}$ (28 centièmes)

2. Le nombre est **plus grand que 1** :

- $\underset{\substack{\uparrow \\ \text{1 zéro}}}{\frac{15}{\mathbf{10}}}$ (15 dixièmes) = $\underset{\substack{\uparrow \\ \text{1 chiffre décimal}}}{1,\mathbf{5}}$ (tu obtiens 1,5 en divisant 15 par 10 à l'aide de ta calculatrice.)

- $\underset{\substack{\uparrow \\ \text{1 chiffre décimal}}}{2,\mathbf{8}}$ (2 unités 8 dixièmes) = $2 + \frac{8}{10} = \frac{20}{10} + \frac{8}{10} = \underset{\substack{\uparrow \\ \text{1 zéro}}}{\frac{28}{\mathbf{10}}}$

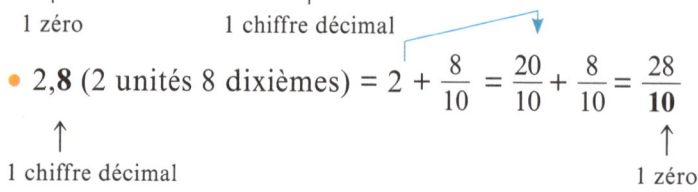

1⭐ Relie les écritures représentant le même nombre.

Je m'évalue

0,05 •   • $\dfrac{5}{100}$

0,005 •   • $\dfrac{5}{10}$

0,5 •   • $\dfrac{5}{1\,000}$

2⭐ Écris sous la forme de fraction décimale.

Je m'évalue

Trois dixièmes : ....

Cinquante centièmes : ....

Quinze dixièmes : ....

3⭐ Entoure, dans chaque série, le nombre décimal qui correspond à chacune des fractions suivantes.

Je m'évalue

$\dfrac{7}{10}$:   0,07   0,7   7,07

$\dfrac{4}{100}$:   0,4   0,04   0,40

$\dfrac{258}{100}$:   2,58   25,8   0,28

4⭐⭐ Écris chacune des fractions suivantes sous la forme d'un nombre décimal.

Je m'évalue

Ex : $\dfrac{56}{10}$ = 5,6

$\dfrac{8}{10}$ = ... $\dfrac{68}{10}$ = ...

$\dfrac{24}{100}$ = ... $\dfrac{32}{10}$ = ...

$\dfrac{425}{100}$ = ... $\dfrac{9}{100}$ = ...

5⭐⭐ Entoure la fraction décimale correspondant à chacun des nombres décimaux suivants.

Je m'évalue

0,9 : $\dfrac{9}{100}$ $\dfrac{9}{10}$

0,04 : $\dfrac{4}{10}$ $\dfrac{4}{100}$

7,43 : $\dfrac{743}{100}$ $\dfrac{743}{10}$

6⭐⭐ Le nombre 2,61 peut s'écrire : $2 + \dfrac{61}{100}$.

Je m'évalue

Écris en décomposant de la même façon.

32,7   8,05   102,13

↓   ↓   ↓

....

7⭐⭐⭐ $16 + \dfrac{3}{100}$ peut s'écrire 16,03.

Je m'évalue

Écris sous la forme d'un nombre à virgule.

$25 + \dfrac{8}{10}$ $9 + \dfrac{13}{100}$ $631 + \dfrac{9}{100}$

....

8⭐⭐⭐ Résous ce problème.

Je m'évalue

Deux enfants donnent la mesure d'un tabouret sous la forme d'une fraction de mètre.

Chloé : $\dfrac{45}{100}$ de mètre   Axel : $\dfrac{45}{10}$ de mètre.

a. Transforme ces fractions en nombres décimaux :

Axel : ....

Chloé : ....

b. Qui a donné une réponse juste ? ....

c. Quelle est la hauteur du tabouret (en cm) ? ....

Français

Maths

Hist.-Géo – EMC / Histoire des arts

Sciences et technologie

Anglais

Évaluations

Code informatique

7 Addition et soustraction de nombres entiers

Savoir

- Une opération dans laquelle on utilise **le signe +** est une **addition**. On effectue une addition pour calculer une **somme**, un **total**.
- Une opération dans laquelle on utilise **le signe −** est une **soustraction**. On effectue une soustraction pour calculer une **différence**, un **reste** ou **ce qui manque**.

Savoir faire

● Additionner des nombres entiers

Exemple : $3\,795 + 458$

- **Pose** l'addition en colonnes en plaçant :
  – les **unités** sous les **unités**,
  – les **dizaines** sous les **dizaines**…

- Additionne les **unités** : $5 + 8 = 13$.
Pose 3 sous les unités et retiens **1** au-dessus des dizaines.
- Additionne les **dizaines** : $1 + 9 + 5 = 15$.
Pose 5 sous les dizaines et retiens **1** au-dessus des centaines.
- Additionne les **centaines** : $1 + 7 + 4 = 12$.
Pose 2 sous les centaines et retiens **1** au-dessus des unités de mille.
- Additionne **les unités de mille** : $1 + 3 = 4$.

$$
\begin{array}{r}
{}^{1}\;\;{}^{1}\;\;{}^{1}\;\; \\
3\;\;7\;\;9\;\;5 \\
+4\;\;5\;\;8 \\
\hline
=\;4\;\;2\;\;5\;\;3
\end{array}
$$

● Soustraire des nombres entiers

Exemple : $2\,938 - 754$

- **Pose** la soustraction en colonnes en écrivant le plus grand nombre au-dessus et en plaçant :
  – les **unités** sous les **unités**,
  – les **dizaines** sous les **dizaines**…
- Soustrais les **unités** : $8 - 4 = 4$
- Soustrais les **dizaines** : $3 - 5 \rightarrow$ impossible.
Ajoute **10 dizaines** aux 3 dizaines de 2 938 et **1 centaine** aux 7 centaines de 754.
Tu peux maintenant soustraire : $13 - 5 = 8$.
- Soustrais les **centaines** : $9 - (7 + 1) = 1$, puis les **unités de mille** : $2 - 0 = 2$.

$$
\begin{array}{r}
2\;\;9\;\;{}_{1}3\;\;8 \\
-7^{1}\;\;5\;\;4 \\
\hline
=\;2\;\;1\;\;8\;\;4
\end{array}
$$

Faire

Français

Maths

Hist.-Géo – EMC Histoire des arts

Sciences et technologie

Anglais

Évaluations

Code informatique

1★ Pose et effectue les additions suivantes.

Je m'évalue

943 + 54

4 536 + 653

837 + 6 754

93 867 + 40 125

2★ Remplace les points par les chiffres qui conviennent.

Je m'évalue

```
    .  4  3
+   8  .  7
_____
 1  6  8  0
```

```
   4  .  3  8
+  .  8  5  .
_____
   6  0  .  4
```

3★★ Pose et effectue ces soustractions.

Je m'évalue

2 758 – 326

17 637 – 5 256

129 801 – 4 586

407 602 – 82 937

4★★ Complète les soustractions suivantes.

Je m'évalue

```
   3  9  3  7
-  .  .  .  .
_____
   1  3  8  5
```

```
   1  9  7  6  2
-  .  .  .  .  .
_____
   1  4  9  4  8
```

5★★ Complète ces additions.

Je m'évalue

```
   5  7  6  8  3
+  .  .  .  .  .
_____
   9  3  6  2  0
```

```
      8  2  6  9  5
+  .  .  .  .  .  .
_____
   1  5  4  3  8  3
```

6★★ Résous le problème suivant.

Je m'évalue

Une bibliothèque possède 2 473 livres. On a emprunté 123 romans et 45 albums.

Combien reste-t-il de livres ?

....

....

7★★★ Résous le problème suivant.

Je m'évalue

Théo et Noé ont reçu chacun 200 €.

Théo a dépensé 148 € et Noé 27 € de plus que Théo.

Quelle somme reste-t-il à chacun ?

....

....

8★★★ Résous le problème suivant.

Je m'évalue

Au 1er janvier, une ville comptait 152 085 habitants. Au cours de l'année, l'état civil a enregistré 6 823 naissances. À la fin de l'année, la population s'élève à 153 253 habitants.

a. Calcule l'augmentation de la population de la commune à la fin de l'année .

....

b. Combien y a-t-il eu de départs et de décès dans l'année ?

....

c. De combien le nombre de naissances est-il supérieur au nombre de départs et de décès ?

....

8 Addition d'entiers et de décimaux

Savoir

• Avant d'effectuer une addition d'entiers et de décimaux, il est utile de calculer la **valeur approchée** du résultat, c'est-à-dire savoir **à peu près** quel va être ce résultat.

• Pour cela, additionne les nombres entiers terminés par 0 les plus proches des nombres décimaux donnés.

PROCHE

Exemple : 123, 37 + 78,45 est proche de 120 + 80 donc de 200.

200 est la valeur approchée du résultat.

Le résultat exact est : 123,37 + 78,45 = **201,82**.

Savoir faire

● Additionner mentalement deux nombres entiers à deux chiffres

Exemple : 47 + 36.
Ajoute les dizaines, puis les unités.
47 + 36 = (47 + 30) + 6 = 77 + 6 = 83.

● Additionner des nombres décimaux

Exemple : 231,28 + 19,3

1. Pose l'addition en plaçant :
– les **unités** sous les **unités**,
– les **virgules** sous les **virgules**,
– les **dixièmes** sous les **dixièmes**,
– les **centièmes** sous les **centièmes** s'il y en a.
(Tu peux compléter par un ou des zéros.)

2. Effectue l'addition **sans t'occuper des virgules**.

3. Place la virgule du résultat **sous les autres virgules**.

c	d	u		d	c
2	3	1	,	2	8
+	1	9	,	3	0
2	5	0	,	5	8

● Additionner un nombre entier et un nombre décimal

Exemple : 48 + 115,36.

1. Transforme le nombre **entier** en un nombre **décimal** de sorte que les parties décimales aient le **même nombre de chiffres** :
48 = 48,00.

2. Procède comme pour l'addition de deux nombres décimaux.

c	d	u		d	c
	4	8	,	0	0
+ 1	1	5	,	3	6
1	6	3	,	3	6

 **Faire**

1 ⭐
Calcule mentalement.

Je m'évalue

64 + 38 = ...   96 + 82 = ...

321 + 67 = ...   475 + 25 = ...

2 ⭐
Résous ce problème mentalement.

Je m'évalue

Pour une cérémonie, Julien achète un costume à 515 € et des chaussures à 82 €.

Combien dépense-t-il ? ....

3 ⭐
Lis cet énoncé puis réponds à la question.

Je m'évalue

Léa et Maëlle réunissent leurs économies pour offrir un cadeau à leur mère.

Léa possède 29,80 € et Maëlle 32,30 €.
Léa trouve qu'elles disposent en tout d'une somme de 72,10 €. A-t-elle raison ?
Pour répondre, calcule la valeur approchée du résultat. ....

4 ⭐
Effectue les additions suivantes.

Je m'évalue

```
  1 2 8 , 7 5            2 7 9 , 1 3
+   3 6 , 9          +     8 3 , 2 4
_____          _____
  . . . . .            . . . . . . .
```

```
  4 8 9                  9 2 5 , 4 1
+   1 2 , 3 6        +     6 7 8
_____          _____
  . . . . .            . . . . . . .
```

5 ⭐⭐
Place les virgules oubliées.

Je m'évalue

12,61 + 191, 46 = 20407

31,4 + 17512 = 206,52

317 + 1526 = 332,26

6 ⭐⭐
Pose et effectue les additions suivantes.

Je m'évalue

75,7 + 21,15   196,28 + 84,7

985 + 37,6   72, 48 + 9 049

7 ⭐⭐⭐
Résous ce problème sur ton cahier.

Je m'évalue

La maman de Chloé va au marché et achète un melon pesant 1,2 kg, 0,5 kg de cerises et 2 kg de carottes.

a. Quelle est la masse totale des achats ?

b. Quelle charge devra-t-elle porter au retour sachant que le panier vide pèse 0,600 kg ?

8 ⭐⭐⭐
Résous ce problème sur ton cahier.

Je m'évalue

Pendant ses vacances, Delphine a dépensé 17,85 €. Yumé a dépensé 6,40 € de plus que Delphine, et Gwenaëlle 9,15 € de plus que Delphine et Yumé réunies.

Quelle a été la dépense de chacune d'elles ?

Quelle a été la dépense totale ?

Hist.-Géo – EMC
Histoire des arts

Sciences
et technologie

Anglais

Évaluations

Code
informatique

9 Soustraction d'entiers et de décimaux

OBJECTIF • Soustraire deux nombres mentalement ; poser et effectuer une soustraction

Savoir

● Tu peux **vérifier** l'exactitude du résultat d'une soustraction en faisant une **addition**.

● En additionnant le **résultat** et le **plus petit** des deux nombres de la soustraction, tu dois retrouver le **plus grand** nombre.
Exemple : 20 – 18,90 = 1,10   →   1,10 + 18,90 = 20

Savoir faire

● **Soustraire mentalement deux nombres entiers**

Exemple : 98 – 26.
Soustrais les dizaines, puis les unités.
98 – 26 = (98 – 20) – 6 = 72.

Remarque S'il y a des centaines, commence par les centaines.

● **Faire la soustraction de deux nombres décimaux**

Exemple : 243,5 – 14,35.
1. Pose la soustraction en plaçant :

– les **unités** sous les **unités**,
– les **virgules** sous les **virgules**,
– les **dixièmes** sous les **dixièmes**.
– les **centièmes** sous les **centièmes** s'il y en a.
(Tu peux compléter par un ou des zéros).

2. Effectue la soustraction **sans t'occuper des virgules**.

3. Écris la **virgule** du résultat **sous les autres virgules**.

	c	d	u		d	c
	2	4	3	,	5	0
–		1	4	,	3	5
	2	2	9	,	1	5

● **Soustraire un nombre décimal d'un nombre entier**

Exemple : 148 – 41,12.
1. Transforme le nombre entier en **nombre décimal** de façon que les parties décimales aient le **même nombre de chiffres** :
148 = 148,00.
2. Procède ensuite comme pour deux nombres décimaux.

	1	4	8	,	0	0
–		4	1	,	1	2
	1	0	6	,	8	8

Remarque La méthode est la même pour soustraire un nombre entier d'un nombre décimal.

1★ Calcule mentalement.

Je m'évalue

98 – 26 = ...   85 – 31 = ...

769 – 48 = ...   636 – 24 = ...

2★ Résous ce problème mentalement.

Je m'évalue

Emma a reçu 85 € à Noël.
Elle a dépensé 32 € puis 10 €.
Quelle somme lui reste-t-il ?

....

3★ Effectue les soustractions suivantes.

Je m'évalue

```
  1 2 8 , 7            7 4 3 , 3 2
–   3 9 , 4 6        – 2 7 2 , 1 8
  ─────────            ───────────
  · · · , · ·          · · · , · ·


  7 2 5                2 1 0
–   1 6 , 2          –   3 7 , 1 5
  ─────────            ───────────
  · · · , · ·          · · · , · ·
```

4★★ Place les virgules oubliées.

Je m'évalue

746 – 34,12 = 71188

6 178 – 432 = 185,8

9834 – 42564 = 557,76

5★★ Calcule en ligne.

Je m'évalue

14,25 – 10,12 = ...   18,36 – 16 = ...

12 – 8,3 = ...   15,2 – 9,15 = ...

6★★ Pose et effectue ces soustractions.

Je m'évalue

376,18 – 134,23   700,17 – 99,7

458 – 37,81   599,6 – 26,41

7★★ Résous ce problème.

Je m'évalue

Depuis sa naissance, Morgan a grandi de 6,8 cm. Il mesure maintenant 59 cm.
Combien Morgan mesurait-il à sa naissance ?

....

8★★★ Résous ce problème sur ton cahier.
Calcule la remise effectuée sur chacun des articles suivants.

Je m'évalue

anorak	chaussures de ski	skis
~~78,50 €~~	~~93,50 €~~	~~317 €~~
69,95 €	85,90 €	275,25 €

9★★★ Résous le problème suivant.

Je m'évalue

La maman de Sylvain achète un livre à 16,35 €, un stylo à 5,70 € et un album à 23 €. Elle donne un billet de 50 € à la libraire.

Combien a-t-elle dépensé ?

....

Combien va-t-on lui rendre ?

....

Français

Maths

Hist.-Géo – EMC
Histoire des arts

Sciences
et technologie

Anglais

Évaluations

Code
informatique

10 Multiplication de nombres entiers

Savoir

Une opération dans laquelle on utilise le signe × (multiplié par) s'appelle une **multiplication**. Cette opération remplace une addition de nombres identiques.

Exemple : 12 + 12 + 12 = 36 peut s'écrire **12 × 3 = 36**.

produit
multiplicateur
multiplicande

Je multiplie les crapauds

Remarque On peut inverser les nombres : 12 × 3 = 3 × 12 = 36.

Savoir faire

● **Multiplier un nombre entier par 10, 100, 1 000**

Écris 1, 2 ou 3 **zéros** à droite du nombre.

Exemples : 18 × 10 = 180 ; 18 × 100 = 1 800 ; 18 × 1 000 = 18 000.

● **Multiplier deux nombres terminés par des zéros**

Exemple : 1 200 × 30.

1. Effectue les calculs sans les zéros : 12 × 3 = 36.

2. Écris les zéros à droite du résultat : 1 2**00** × 3**0** = 36 **000**.

● **Multiplier un nombre entier par un nombre à deux chiffres**

Exemple : 126 × **32** = (126 × **2**) + (126 × **30**).

$$
\begin{array}{r}
1\ 2\ 6 \\
\times\quad 3\ 2 \\
\hline
2\ 5\ 2 \\
3\ 7\ 8\ 0 \\
\hline
4\ 0\ 3\ 2
\end{array}
$$

126 × **2** = 252 →

126 × **30** = 3 780 →

Le zéro peut être remplacé par un point : 3 780 → 378.

1★ Calcule mentalement.

Je m'évalue ☐☐☐

$67 \times 10 =$ .... $406 \times 10 =$ ....

$854 \times 100 =$ .... $91 \times 100 =$ ....

$9 \times 1\,000 =$ .... $74 \times 1\,000 =$ ....

2★ Résous ce problème mentalement.

Je m'évalue ☐☐☐

D'un camion, on décharge 10 caisses de pommes de 25 kg chacune et 100 sacs de carottes de 3 kg chacune.
Quelle est la masse de pommes et carottes déchargée ?

pommes : .... carottes : ....

3★ Complète.

Je m'évalue ☐☐☐

$76 \times$ .... $= 760$ .... $\times 1\,000 = 54\,000$

.... $\times 100 = 63\,800$ $208 \times$ .... $= 208\,000$

4★★ Effectue en ligne.

Je m'évalue ☐☐☐

$40 \times 20 =$ ....

$70 \times 300 =$ ....

$35 \times 500 =$ ....

$52 \times 1\,000 \times 3 =$ ....

$20 \times 100 \times 400 =$ ....

5★★ Effectue ces multiplications.

Je m'évalue ☐☐☐

```
    5  9            7  2  6
×   3  6         ×     8  4
-----------      --------------
.  .  .          .  .  .  .
.  .  .          .  .  .  .
-----------      --------------
.  .  .          .  .  .  .
```

6★★ Pose et effectue sur ton cahier.

Je m'évalue ☐☐☐

$64 \times 23 =$ $428 \times 89 =$

$248 \times 67 =$ $210 \times 560 =$

$309 \times 72 =$ $4\,190 \times 45 =$

7★★ Observe.

Je m'évalue ☐☐☐

Lorsqu'il y a un **zéro intercalé** au multiplicateur, on décale de 2 rangs vers la gauche.

On ne multiplie pas par 0.

```
         4  1  3
      ×  2  0  4
      ----------
      1  6  5  2
   8  2  6  0  0
   ----------------
   8  4  2  5  2
```

Pose puis effectue ces multiplications.

137×304 935×706

8★★★ Résous ce problème.

Je m'évalue ☐☐☐

Pour poser des barrières de sécurité sur un pont, il faut utiliser 186 paquets de boulons. Chaque paquet contient 45 boulons.
Combien de boulons seront utilisés ?

....

9★★★ Résous ce problème.

Je m'évalue ☐☐☐

Dans un hypermarché, on a vendu 206 téléviseurs à 745 € l'un et 248 appareils photos à 420 € l'un.

Quel est le prix de vente :

– des téléviseurs : ....

– des appareils photos : ....

Quel est le prix de vente total ?

....

Livret Parents – Corrigés p. 12

85

Français · Maths · Hist.-Géo – EMC Histoire des arts · Sciences et technologie · Anglais · Évaluations · Code informatique

11 Division de deux nombres entiers (1)

Savoir

La **division** permet, dans un partage, de calculer la **valeur** d'**une part** ou le **nombre de parts**.

- Une division peut s'écrire en **ligne** : 36 : 4 = 9 reste 0.
- Tu peux aussi la **poser** :

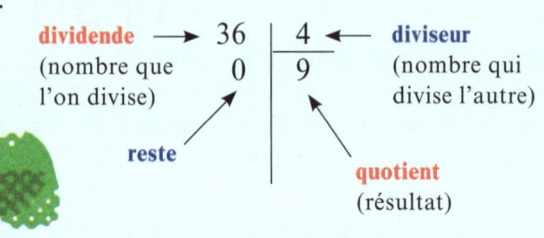

dividende → 36 | 4 ← diviseur
(nombre que   0 | 9   (nombre qui
l'on divise)   divise l'autre)

reste   quotient
          (résultat)

- Le reste d'une division doit toujours être **plus petit** que le diviseur : 0 < 9.
- Pour retrouver le dividende d'une division, multiplie le diviseur par le quotient et ajoute le reste : (4 × 9) + 0 = 36.

Savoir faire

● Effectuer une division : prendre un chiffre au dividende

Exemple : 76 : 5 (7 > 5).

1. Divise les **dizaines** de **7**6 par 5.
En 7, combien de fois 5 ? **1** fois ;
1 fois 5 → 5 ; écris 5 sous le 7 ;
5 ôté de 7, reste **2** (2 dizaines).

2. Abaisse le chiffre des unités, 6, et divise les **unités restantes**, **2**6.
En 26, combien de fois 5 ? **5** fois ;
5 fois 5 → 25 ; écris 25 sous 26 ;
25 ôté de 26, reste **1**.

```
  7 6 | 5
- 5 ↓ | 15
  2 6
- 2 5
    1
```

● Effectuer une division : prendre deux chiffres au dividende

Exemple : 135 : 5 (1 < 5).

1. Divise les **centaines** de **1**35 par 5.
En 1, combien de fois 5 ? Impossible.
Divise donc les centaines et les dizaines **réunies**.
En **13**, combien de fois 5 ? **2** fois ;
2 fois 5 → 10 ; écris 10 sous 13 ;
10 ôté de 13, reste **3** (3 dizaines).

2. Abaisse le 5 et termine l'opération.

```
  1 3 5 | 5
- 1 0 ↓ | 27
    3 5
-   3 5
      0
```

1★ Calcule mentalement.

Je m'évalue ☐☐☐

31 : 7 = ... ; reste ....

40 : 8 = ... ; reste ....

29 : 5 = ... ; reste ....

78 : 9 = ... ; reste ....

50 : 6 = ... ; reste ....

2★ Résous mentalement ce problème.

Je m'évalue ☐☐☐

Dans une classe, les 32 élèves sont groupés par tables de 4.
Combien y a-t-il de tables complètes ?

....

3★★ Effectue les divisions suivantes.

Je m'évalue ☐☐☐

```
8 9 | 6        9 5 | 3



2 7 4 | 7      3 4 8 | 4
```

4★★ Pose et effectue les divisions suivantes.

Je m'évalue ☐☐☐

462 : 5   673 : 7   957 : 8

5★★ Retrouve le dividende de chacune des divisions suivantes.

Je m'évalue ☐☐☐

```
 .  . | 7        .  . | 9        .  . | 5
− 2 1 | 3      − 4 5 | 5      − 4 0 | 8
  0 5            0 8            0 3
```

6★★ Retrouve le diviseur et le reste de chacune des divisions suivantes.

Je m'évalue ☐☐☐

```
 8 4 | .         3 5 | .         2 4 | .
− 8 1 | 9      − 3 5 | 5      − 2 0 | 4
   .              .              .
```

7★★★ Résous ce problème sur ton cahier.

Je m'évalue ☐☐☐

Pendant les vacances, Éric a acheté 4 paquets d'images, chaque paquet contenant 24 images. Il les colle dans un album, à raison de 8 par page.

a. Trouve le nombre total d'images achetées.

b. Quel est le nombre de pages remplies ?

8★★★ Résous ce problème.

Je m'évalue ☐☐☐

Les parents de Morgan achètent un ensemble vidéo d'une valeur de 1 890 €. Ils versent 648 € à la commande et 360 € à la livraison. Le reste sera payé à crédit en 9 mensualités égales.

a. Quel est le montant de la somme payée à crédit ?

....

b. Quel est le montant d'une mensualité ?

....

....

Français

Maths

Hist.-Géo – EMC
Histoire des arts

Sciences
et technologie

Anglais

Évaluations

Code
informatique

12 Division de deux nombres entiers (2)

OBJECTIF • Poser et effectuer une division à deux chiffres au diviseur

Savoir

Pour faire la **preuve** d'une division (vérifier qu'elle est juste), on effectue la **multiplication inverse**. On ajoute le **reste** si c'est nécessaire.

Exemple : 75 : 28 = 2 ; reste **19**   **preuve → (28 × 2) + 19 = 75.**

Savoir faire

● Diviser un nombre à 2 chiffres

Exemple : 75 : 28.

● Divise les dizaines entre elles :
en **7**, combien de fois **2** ? 3 fois ;
3 fois **28** → 84 ;
84 étant plus grand que **75**, tu dois prendre **2**.
2 fois **28** → 56 ; écris 56 sous 75 ;
56 ôté de 75, reste **19**.

$$
\begin{array}{r|l}
7\ 5 & 2\ 8 \\
-\ 5\ 6 & 2 \\
\hline
1\ 9 &
\end{array}
$$

● Diviser un nombre à 3 chiffres ou plus

Exemple : 659 : 21 (65 > 21).

● Divise le nombre formé par les
deux chiffres de gauche du dividende, soit **65**.
En **65**, combien de fois **21** ?
(ou en **6**, combien de fois **2** ?) → **3** fois ;
3 fois **21** → 63 ; écris 63 sous 65 ;
63 ôté de 65, reste **2**.

$$
\begin{array}{r|l}
6\ 5\ 9 & 2\ 1 \\
-\ 6\ 3\ \downarrow & 3\ 1 \\
\hline
2\ 9 & \\
-\ 2\ 1 & \\
\hline
8 &
\end{array}
$$

● Abaisse le **9** et continue la division.

Remarque Si les **deux chiffres de gauche** forment un nombre **plus petit** que le diviseur, prends **trois chiffres** au dividende.

Exemple : 2 378 : 32   (**23** < **32**).
Tu dis alors : en **237**, combien de fois **32** ?
(ou en **23** combien de fois **3** ?)…

1 ★
Effectue ces divisions.

```
  8 9 │ 2 1
–  . . │ .  .
    .  │
```

```
    9 6 │ 4 3
–   . . │ .
    . . │
```

2 ★
Termine ces divisions.

```
    4 9 3 │ 2 3
–   4 6   │ 2 .
      . .
–     . .
        . .
```

```
  1 4 3 7 │ 3 5
–   . . . │ 4 .
      . . .
–     . . .
        . . .
```

3 ★★
Pose et effectue les divisions suivantes.

31 : 16   53 : 24

775 : 25   9 184 : 68

4 ★★
Pose et effectue ces divisions et fais la preuve de chacune d'elles.

291 : 76   7 943 : 82

5 ★★
Retrouve le dividende puis termine les divisions.

```
  . . . │ 4 1
–   . . │ 1 3
    . .
–   . . .
      . .
        0
```

```
  . . . │ 2 4
–   . . . │ 6 8
      . . .
–       . .
          8
```

6 ★★
Résous le problème suivant.

Les concurrents d'une course automobile doivent parcourir une distance de 608 km en effectuant 38 tours d'un circuit.

Quelle est la longueur du circuit ?

....

7 ★★
Résous le problème suivant.

La Terre fait un tour sur elle-même en 24 heures.

Combien de tours fera-t-elle fait en 216 heures ?

....

8 ★★★
Résous le problème suivant.

Les 307 enfants d'un club de football partent assister à un match à Paris. Ils sont accompagnés de 18 adultes.

a. Combien faudra-t-il réserver de cars de 56 places ?

....

b. Tous les cars sont complets sauf un. Combien de personnes prendront place dans le car non complet ?

....

Hist.-Géo – EMC
Histoire des arts

Sciences
et technologie

Anglais

Évaluations

Code
informatique

13 Comprendre un problème

OBJECTIF • Comprendre un énoncé de problème ; repérer et utiliser les données

Savoir

• Un problème comporte un **énoncé** (le plus souvent un texte) et une ou plusieurs **questions**.

• Avant de répondre à la question (ou aux questions), il te faut un moment de réflexion : c'est le **raisonnement**.

Savoir faire

● Savoir aborder un problème

Exemple : M. Robin achète un lecteur-enregistreur DVD valant 380 € et 2 lots de DVD à 20 € l'un. Chaque DVD a une durée de 3 heures.

1. Lire l'énoncé et le comprendre.
• Tu dois lire l'énoncé avec beaucoup d'attention et être capable, après lecture, de **répondre à des questions** qui s'y rapportent.

Exemple : *Qu'achète M. Robin ?*
→ Un lecteur-enregistreur DVD et des DVD.
Combien coûte le lecteur-enregistreur DVD ?
→ 380 €.

• Tu dois aussi, après lecture, être capable
de **trouver une (ou plusieurs) question(s)** non formulées.
Exemple : *Combien M. Robin a-t-il dépensé en tout ?*

2. Repérer les données.
Les données sont les **nombres** ou les **informations**
fournis par l'énoncé.
Ici, ce sont :

380 €	2	20 €	3 h
↓	↓	↓	↓
prix du lecteur-enregistreur DVD	nombre de lots de DVD	prix d'un lot	durée d'un DVD

3. Choisir les données utiles et les organiser.
La dépense totale comprend :
– le prix du lecteur-enregistreur DVD → 380 € ;
– le prix des 2 lots de DVD → 20 € × 2.

Remarque **3 heures** est une donnée **inutile** pour répondre à la question.

Faire

1 ★
Lis l'énoncé suivant puis cache-le et réponds aux questions a, b, c et d.

Un carton contient 66 boîtes de pâté. Une boîte pèse 275 g et le carton vide pèse 850 g. Quelle est la masse du carton plein ?

a. De quoi est constituée la masse totale du carton plein ?

....

....

b. Quelle est la masse du carton vide ?

....

c. Combien de boîtes contient le carton ?

....

d. Quelle est la masse d'une boîte ?

....

2 ★
Quelle donnée manque-t-il pour trouver le prix du bouquet ?

Pour la fête de sa maman, Charlotte va chez le fleuriste et achète un bouquet constitué de 15 fleurs : 7 roses à 2 € et 8 iris.

....

3 ★★
Barre, dans cet énoncé, les données qui sont inutiles pour répondre à la question.

Julien doit partir aux sports d'hiver du 7 au 15 mars. Il achète :
– une paire de skis de 1,60 m valant 132 € ;
– une paire de chaussures, pointure 40, à 67 € ;
– un pull vendu au prix de 22 €.
Son cousin, qui est parti 8 jours au ski en février, lui prête une paire de gants qu'il avait payée 20 € et un anorak d'une valeur de 99 €.

Combien a dépensé Julien ?

....

4 ★★
Écris deux questions qui peuvent suivre cet énoncé.

Un apiculteur a rempli 76 seaux identiques avec les 608 kg de miel de sa récolte.
Il revend ce miel au prix de 7 € le kg.

....

....

5 ★★★
Écris les deux questions qu'il faut poser avant la question du problème.

Dans une salle de cinéma où toutes les places sont vendues 8 €, la recette pour la 1re séance est de 1 480 €.

Quelle est la recette pour la 2e séance sachant qu'il y a eu 28 spectateurs de plus qu'à la 1re séance ?

....

....

6 ★★★
Lis l'énoncé et réponds aux questions sur ton cahier.

Smartphone SINOX
180 €
2 modes de paiement

Au comptant
Remise de
20 €

À crédit
45 € + 9 mensualités
de 16 €

Quelles données permettent de trouver :

a. le prix de revient du smartphone payé au comptant : ....

b. le prix des 9 mensualités : ....

c. le prix de revient du smartphone payé à crédit : ....

Écris la question que l'on peut se poser.

....

Français

Maths

Hist.-Géo – EMC
Histoire des arts

Sciences
et technologie

Anglais

Évaluations

Code
informatique

14 Résoudre un problème

Savoir

Résoudre un problème, c'est répondre, par des **calculs** et des **phrases-réponses**, à la (ou aux) question(s) posée(s).

La **résolution** d'un problème comprend 4 étapes :
- le choix de l'**opération** (ou des opérations),
- l'évaluation de l'**ordre de grandeur** des résultats,
- le **calcul exact** du résultat de l'opération (ou des opérations),
- la **présentation** du (ou des) résultat(s).

Savoir faire

● Choisir l'opération qui convient

- L'addition → pour trouver un **total**.
- La soustraction → pour trouver ce qui **manque**, ce qui **reste** ou la **différence**.
- La multiplication → pour trouver la valeur de **plusieurs données identiques**.
- La division → pour trouver le **nombre de parts identiques** ou la **valeur d'une part**.

● Évaluer l'ordre de grandeur

Évaluer l'ordre de grandeur, c'est trouver la **valeur approchée** d'un résultat avant d'effectuer les calculs.

Exemple : *Combien coûtent 9 livres à 14,45 € l'un ?*
9 est proche de **10** ; 14,45 € est proche de **14**.
$14,45 \times 9$ est proche de $\mathbf{14 \times 10 = 140}$.

● Effectuer les calculs

Exemple : $14,45 \times 9 = \mathbf{130,05}$ (proche de 140).

● Présenter les résultats

Opération en ligne → $14,45 \times 9 = 130,05$.
Phrase-réponse → Les 9 livres coûtent 130,05 €.

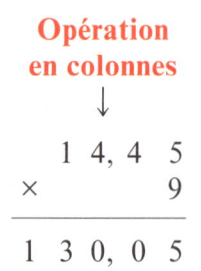

Opération
en colonnes
↓

$$
\begin{array}{r}
1\ 4,4\ 5 \\
\times \quad\quad 9 \\
\hline
1\ 3\ 0,0\ 5
\end{array}
$$

Faire

1★
Pour chacun des énoncés suivants, écris l'opération en ligne sans l'effectuer.

Il manque 2 € à Martin, qui n'a que 15 € pour s'acheter une revue.

Quel est le prix de la revue ?

....

Pour le cross de l'école, les élèves de CM1 doivent parcourir 960 m sur un circuit de 80 m.

Combien de tours devront-ils parcourir ?

....

Au départ de Paris, le compteur de mon automobile marquait 18 624 km. À mon arrivée à Bordeaux, il marquait 19 203 km.

Quelle est la distance Paris-Bordeaux ?

....

2★
Encadre le calcul exact.

Une classe de CM1 part en classe de découverte. Le montant total du séjour s'élève à 9 125 €. Chacun des 28 élèves de la classe paie 195 €. Le reste est financé par la Caisse des écoles.

Combien a versé la Caisse des écoles ?

a. $(9\ 125 - 195) \times 28$

b. $9\ 125 - (195 \times 28)$

c. $(9\ 125 \times 28) - (195 \times 28)$

3★
Pour chaque problème, trouve l'ordre de grandeur du résultat et le résultat exact.

a. Quel est le prix de 8 survêtements valant 49 € chacun ?

....

b. Un frère et une sœur ont offert à leur mère un cadeau d'une valeur de 104 €. Quelle est la part à payer pour chacun ?

....

c. Madame Leroux dépense 48,75 € au supermarché et 6,90 € chez le libraire. Quelle est sa dépense totale ?

....

4★★
Résous ce problème.

L'entraîneur d'une équipe de basket commande pour chacun des 5 joueurs et des deux remplaçants un maillot à 15,50 € et un short à 11,60 €.

Quelle somme a-t-il dépensée ?

....

5★★
Résous ce problème.

Fabien possède un album qui peut contenir 500 timbres. Il en a déjà 300 et on lui en offre 50.

Combien de pochettes de 25 timbres devra-t-il commander pour compléter son album ?

....

6★★★
Résous ce problème sur une feuille.

À la représentation de l'après-midi, le cirque était plein, et 1 035 billets ont été vendus le soir. Pour les 2 séances, on a compté 1 128 enfants.

CIRQUE ZAVOTTO
1 300 places

Adultes	Enfants
12 €	5 €

a. Combien de billets ont été vendus ?

b. Combien d'adultes étaient présents ?

c. Quel a été le montant total de la recette ?

Français

Maths

Hist.-Géo – EMC Histoire des arts

Sciences et technologie

Anglais

Évaluations

Code informatique

15 La proportionnalité

Savoir

OBJECTIF • Utiliser un tableau ou un graphique dans des situations de proportionnalité

Il y a proportionnalité entre 2 listes de nombres quand on peut passer d'une liste à l'autre à l'aide d'**un seul opérateur**.

Exemple :

A	nombre de livres	2	3	5
B	prix (en €)	16	24	40

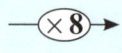

Ce tableau est un **tableau de proportionnalité**.
Tu passes de la liste **A** à la liste **B** à l'aide d'un seul opérateur :

—×**8**→

Tu passes de la liste **B** à la liste **A** à l'aide de l'opérateur inverse :

—:**8**→

Savoir faire

● **Compléter un tableau de proportionnalité**

Exemple 1 :
Effectue les calculs indiqués par l'opérateur :
12 : 3 = **4** ; 24 : 3 = **8** ; 36 : 3 = **12**.

Exemple 2 :
Cherche l'opérateur qui permet de passer d'une liste à l'autre.

C'est —×**7**→ 5 × 7 = 35 ; 9 × 7 = 63 ; 13 × 7 = 91.

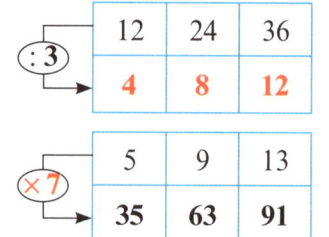

● **Passer d'un tableau au graphique correspondant**

1. Trace deux **axes perpendiculaires**, l'un pour le nombre de stylos, l'autre pour le prix.
2. Place les **points** correspondant aux données du tableau.
3. **Joins** les points : le résultat est une **droite**.

nombre de stylos	prix des stylos (€)
2	8
4	16
6	24

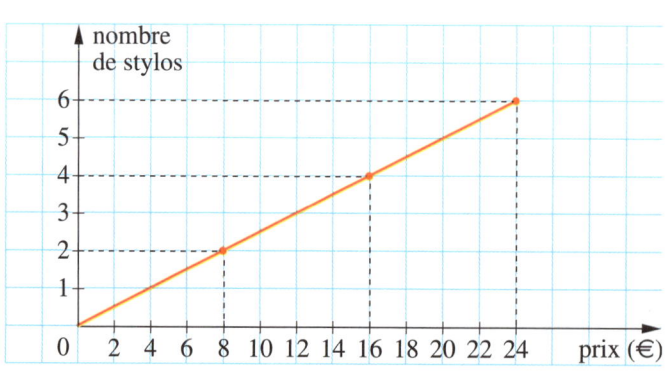

Faire

Hist.-Géo – EMC
Histoire des arts

Sciences
et technologie

Anglais

Évaluations

Code
informatique

1★ Réponds à la question.

Je m'évalue ▢▢▢

Les tableaux ci-dessous sont-ils des tableaux de proportionnalité ?

Écris OUI ou NON.

A	11	14	50
B	55	70	240

A	72	88	240
B	9	11	30

....

2★ Complète le tableau de proportionnalité suivant.

Je m'évalue ▢▢▢

$\times 6$

2	6	......	15	......
......	......	54	......	144

3★★ Complète le tableau.

Je m'évalue ▢▢▢

masse de fraises (en kg)	1	2	4	5	15
prix (en €)	......	6	......	15	......

En utilisant les données, calcule :
– le prix de 6 kg de fraises : ....
– la masse de fraises que l'on peut acheter pour 30 € : ....

4★★ Résous le problème suivant.

Je m'évalue ▢▢▢

Ce tableau donne la recette d'un gâteau.

farine	600 g	300 g	......
sucre	200 g	......	600 g
miel	150 g	......	......
lait	120 cL	......	......

Que devient cette recette pour 300 g de farine ? 600 g de sucre ? Complète le tableau.

5★★★ Résous ce problème.

Je m'évalue ▢▢▢

Les barils de lessive qu'achète la maman de Carla contiennent des bons de réduction. **En t'aidant du graphique, indique le nombre de barils qu'il faudra acheter pour avoir 6 bons de réduction.**

....

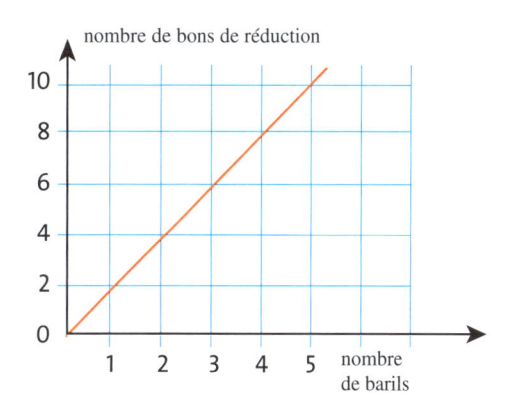

Combien Carla aura-t-elle de bons de réduction avec 2 barils ? .... 5 barils ? ....
......

6★★★ Résous ce problème.

Je m'évalue ▢▢▢

a. Complète ce tableau de proportionnalité :

nombre de tartes	1	5	8
prix en €	5	......	......

b. Complète maintenant le graphique ci-dessous à l'aide des données du tableau. Joins les points obtenus.

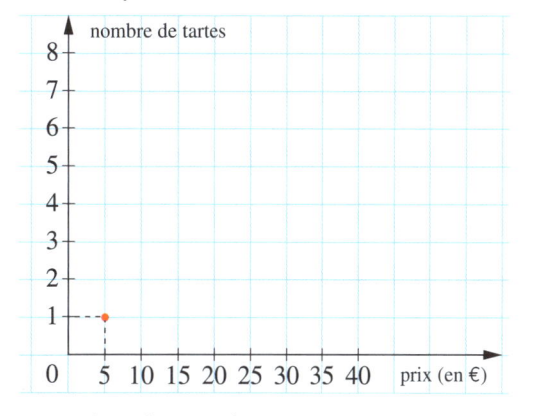

c. Quel est le prix de 3 tartes ? ....

16 Rectangle / Carré / Losange

Savoir

● Le rectangle / Le carré

Un rectangle est un **quadrilatère** (figure à 4 côtés) qui possède :
- des côtés opposés **égaux** et **parallèles** (ici, *AB* et *DC* ; *AD* et *BC*),
- **4 angles droits**,
- **2 diagonales égales** (ici, *AC* et *BD*) qui se coupent en leur **milieu**.

Un carré est un **quadrilatère** qui a ses **4 côtés égaux** et qui possède **4 angles droits**. Ses diagonales ici, *EG* et *FH*, se coupent en leur **milieu** en formant **4 angles droits**.

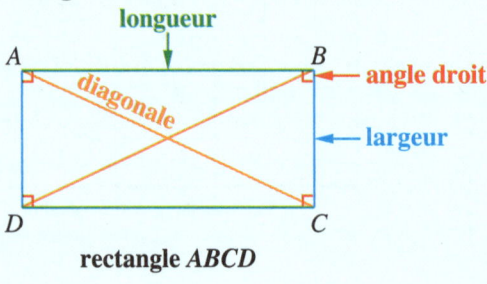

rectangle *ABCD*

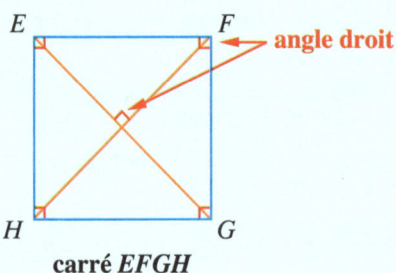

carré *EFGH*

● Le losange

Un **losange** est un quadrilatère qui possède :
- des côtés opposés **parallèles** (ici, IJ et LK ; IL et JK),
- **4 côtés égaux**,
- 2 diagonales, ici, IK et JL qui se coupent en leur **milieu** en formant **4 angles droits**.

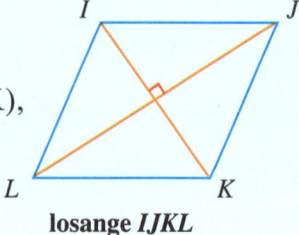

losange *IJKL*

Savoir faire

● Construire un rectangle ou un carré

Exemple : Construire un rectangle de 5 cm de long et de 3 cm de large.

1. Trace **un côté du rectangle** (par exemple, la longueur *DC* = 5 cm).

2. Du point D, trace une **perpendiculaire** à *DC* et place le point *A* à 3 cm de D.

3. Du point C, trace une autre **perpendiculaire** et place le point *B* à 3 cm de C.

4. Joins les points *A* et *B*.

Pour **construire un carré**, procède comme pour le rectangle mais avec 4 côtés égaux.

Faire

1★
Je m'évalue ☐ ☐ ☐

Nomme tous les rectangles, tous les carrés et tous les losanges visibles sur cette figure.

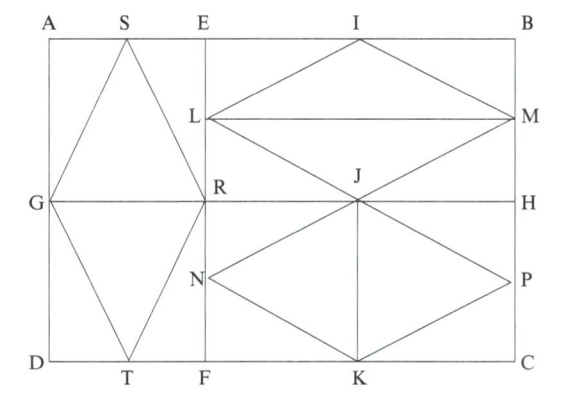

• rectangles : ....

• carrés : ....

• losanges : ....

2★
Je m'évalue ☐ ☐ ☐

Termine la construction du rectangle à l'aide de ta règle graduée et de ton équerre.

3★★
Je m'évalue ☐ ☐ ☐

En traçant seulement 2 segments, partage ce rectangle en 3 carrés égaux.

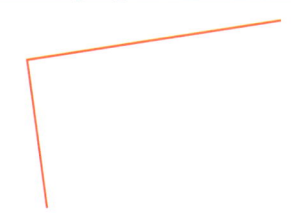

Quelle est la mesure du côté de chacun de ces carrés ? ....

4★★
Je m'évalue ☐ ☐ ☐

Construis sur une feuille un carré de 5 cm de côté.

5★★★
Je m'évalue ☐ ☐ ☐

Trace deux segments IJ (4 cm) et KL (6 cm) perpendiculaires en leur milieu. Joins les points IKJL.

Quelle est la nature du quadrilatère IKJL ?

....

6★★★
Je m'évalue ☐ ☐ ☐

Place les points E, F, G et H au milieu des côtés respectifs : AB, BC, CD et DA du carré ABCD ci-dessous.

Joins les points E, F, G, H puis trace les segments EG et HF qui se coupent en I.

a. Quelle est la nature du quadrilatère EFGH ?

....

Place les milieux J et K des segments HI et IF. Joins les points E, K, G, J.

b. Quelle est la nature du quadrilatère EKGJ ?

....

17 Le triangle / Le cercle

Savoir

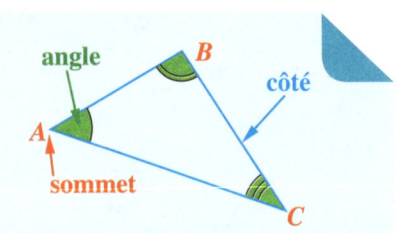

● Qu'est-ce qu'un triangle ?

Un triangle est une **figure géométrique** qui possède **3 côtés**, **3 sommets** et **3 angles**.

triangle *ABC*

● Les différents triangles

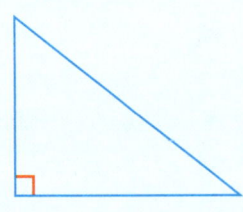 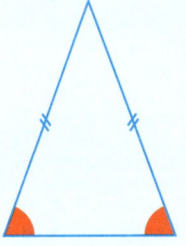 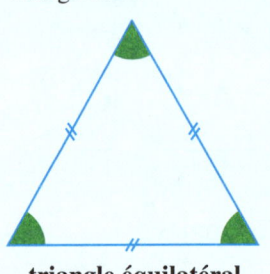

triangle quelconque
3 côtés inégaux
pas d'angle droit

triangle rectangle
un angle droit

triangle isocèle
2 côtés égaux
2 angles égaux

triangle équilatéral
3 côtés égaux
3 angles égaux

● Le cercle

Un cercle est une ligne courbe dont tous les points sont à égale distance du **centre O**.
OA est un **rayon**, **BC** est un **diamètre**.

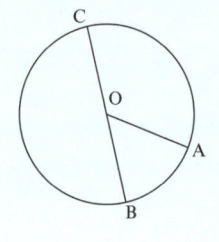

Savoir faire

● **Reproduire un triangle**

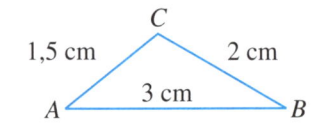

Exemple : Reproduire le triangle *ABC*.

1. Trace un côté du triangle (par exemple, le côté : *AB* = 3 cm), puis trace un arc de cercle de centre A avec une **ouverture de compas** de 1,5 cm.

2. Trace un deuxième arc de cercle de centre *B* avec **une ouverture de compas** de 2 cm. Les deux arcs de cercle se coupent en *C*.

3. Joins *A* et *C* puis *B* et *C*.

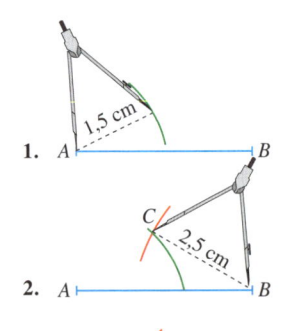

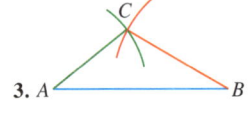

Français

Maths

Hist.-Géo – EMC
Histoire des arts

Sciences
et technologie

Anglais

Évaluations

Code
informatique

Faire

1★ Je m'évalue ☐☐☐
Nomme les triangles que tu vois sur cette figure.

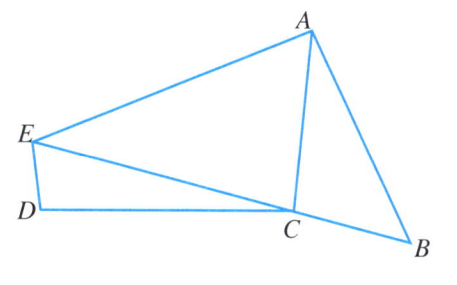

....

2★ Je m'évalue ☐☐☐
Indique la nature de chaque triangle.

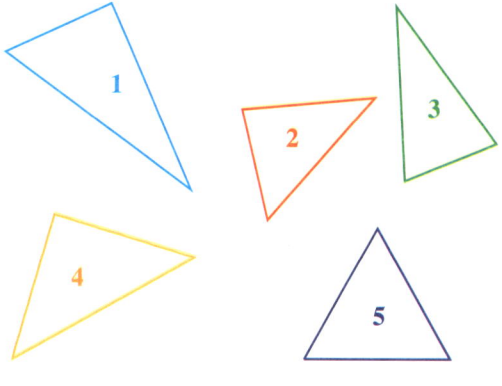

1 ....
2 ....
3 ....
4 ....
5 ....

3★★ Je m'évalue ☐☐☐
Construis un triangle rectangle dont les deux côtés de l'angle droit mesurent 5 cm et 2 cm.

4★★ Je m'évalue ☐☐☐
En joignant certains points, trace :

a. un triangle isocèle   **b.** un triangle rectangle isocèle

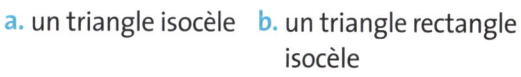
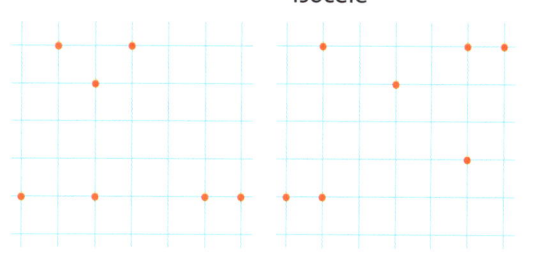

5★★★ Je m'évalue ☐☐☐
Trace un triangle équilatéral de 3 cm de côté.

6★★★ Je m'évalue ☐☐☐
Trace un cercle de centre O et de rayon 3 cm. Trace deux diamètres perpendiculaires AB et CD, puis place les milieux E (de OA), F (de OC), G (de OB), H (de OD).

Trace 4 cercles de centre E (passant par A), de centre F (passant par C), de centre G (passant par B), de centre H (passant par D).

.O

18 Cube / Pavé droit / Prisme droit

Savoir

● Le cube

Le cube est un solide qui possède :
– **6 faces carrées identiques** ;
– **8 sommets** et **12 arêtes** égales.

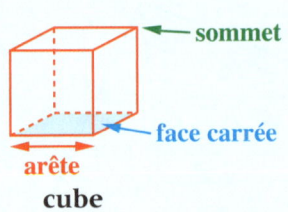

cube

● Le pavé droit

Le pavé droit est un solide constitué de :
– **6 faces rectangulaires**. (Les faces opposées sont identiques, 2 peuvent être carrées) ;
– **8 sommets** et **12 arêtes**.

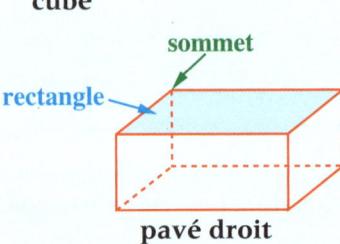

pavé droit

● Le prisme droit

Dans un prisme droit, 2 des faces opposées **ne sont pas des quadrilatères** (ici, ce sont des triangles).
Les autres faces sont des rectangles ou des carrés.

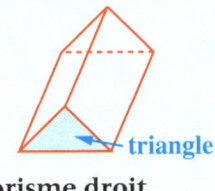

prisme droit

Savoir faire

● Reconnaître un patron de cube

● La figure ci-contre est un assemblage de **6 carrés identiques** que l'on obtient en représentant un cube à plat.
● On nomme cette figure un **patron de cube**.

patron de cube

	5	
1	2	3	4
	6	

● Compléter un patron de pavé droit

● Il **manque une face** dans le patron du pavé droit ci-dessous.
● Les faces opposées étant identiques, il manque la **face 4** identique à la **face 2**.
● Place la face 4 à droite de la face 3.

patron de pavé droit

	5	
1	2	3
	6	

4

Faire

1 ★ *Je m'évalue* ☐☐☐

Observe le cube ci-dessous puis réponds aux questions.

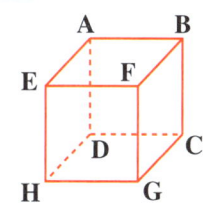

a. Quelles arêtes limitent la face ABFE ?

....

b. Quelles arêtes forment le sommet C ?

....

2 ★★ *Je m'évalue* ☐☐☐

Observe ce pavé droit puis réponds aux questions.

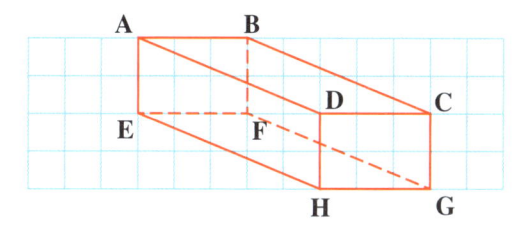

a. Nomme les couples de faces identiques.

....

....

b. Nommes les arêtes égales à :

– AB : ....

– AE : ....

– AD : ....

3 ★★ *Je m'évalue* ☐☐☐

Termine la construction de ce prisme.

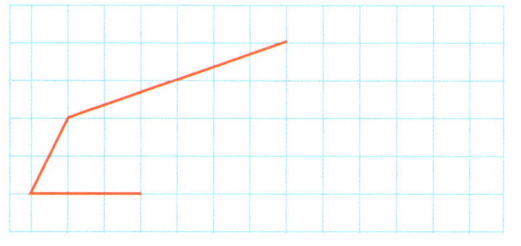

4 ★★ *Je m'évalue* ☐☐☐

Quel est le patron d'un cube ?

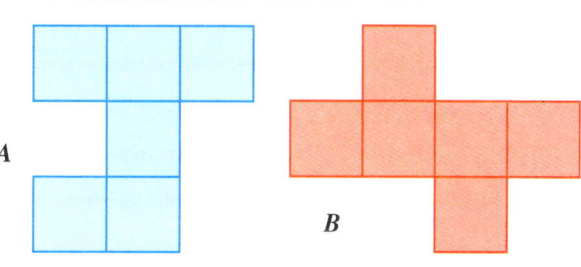

A

B

....

5 ★★★ *Je m'évalue* ☐☐☐

Complète ce patron de pavé droit à l'aide du quadrillage.

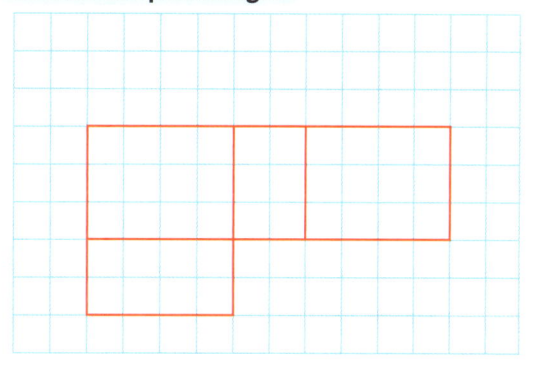

6 ★★★ *Je m'évalue* ☐☐☐

Résous ce problème.

Romain décide de peindre toutes les faces de cette boîte et de recouvrir les arêtes de ruban adhésif de couleur.

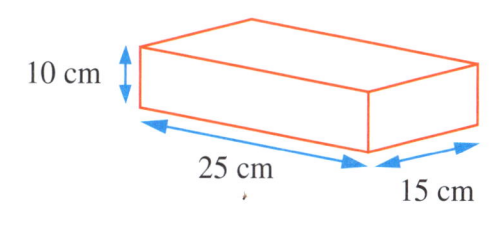

10 cm

25 cm

15 cm

Quelle longueur de ruban adhésif devra-t-il poser ? (en cm puis en m) ....

....

....

....

19 La symétrie

Savoir

• Symétrie par rapport à une droite

• Deux figures sont symétriques par rapport à une droite lorsque l'on peut les **superposer par pliage** suivant cette droite, appelée **axe de symétrie**.

• Dans une symétrie par rapport à une droite, la figure **conserve** sa **forme** et ses **dimensions**, mais **change** d'**orientation**.

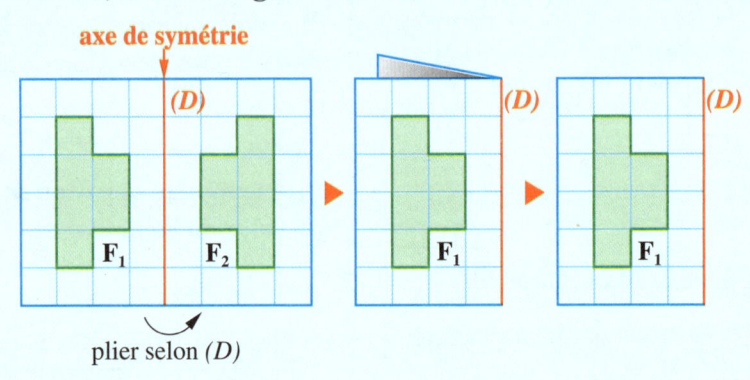

Les figures F_1 **et** F_2 sont symétriques par rapport à la droite *(D)*.

• Symétrie interne

• Certaines figures possèdent **un ou plusieurs axes** de symétrie qui passent à **l'intérieur** de la figure.

• Si on plie la figure suivant l'un de ces axes, les deux moitiés de cette figure se superposent.

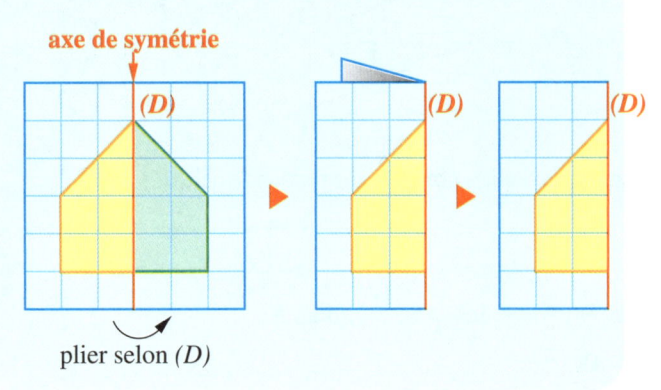

Savoir faire

• Construire le symétrique d'une figure

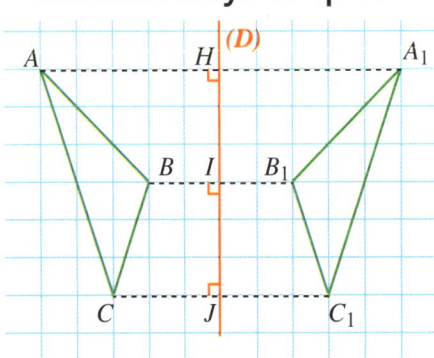

$A_1 B_1 C_1$ est le symétrique de *ABC*

Exemple : Construire le symétrique du triangle *ABC* par rapport à l'axe *(D)*.

1. Trace les segments *AH*, *BI* et *CJ* perpendiculaires à *(D)*.

2. Prolonge ces segments de façon à obtenir :
$A_1H = AH$; $B_1I = BI$; $C_1J = CJ$.

3. Joins les points A_1, B_1, C_1.

1 ★
Je m'évalue □ □ □

Indique les figures qui sont symétriques par rapport à la droite (D).

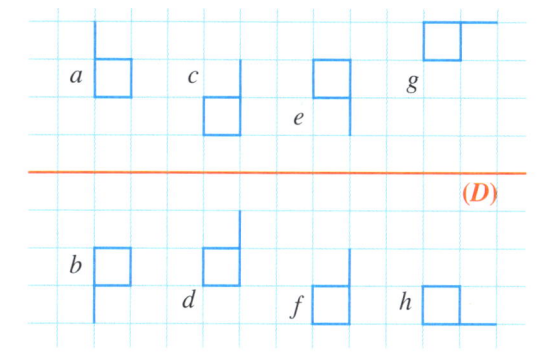

2 ★★
Je m'évalue □ □ □

Trace l'axe (ou les axes) de symétrie des figures suivantes, quand c'est possible, puis complète le tableau.

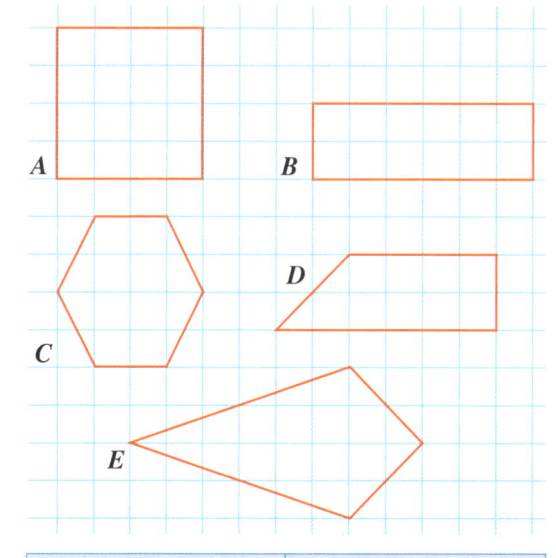

nombre d'axes de symétrie	nom de la figure
0	
1	
2	
3	
4	

3 ★★
Je m'évalue □ □ □

Construis le symétrique de chaque figure par rapport à la droite (D).

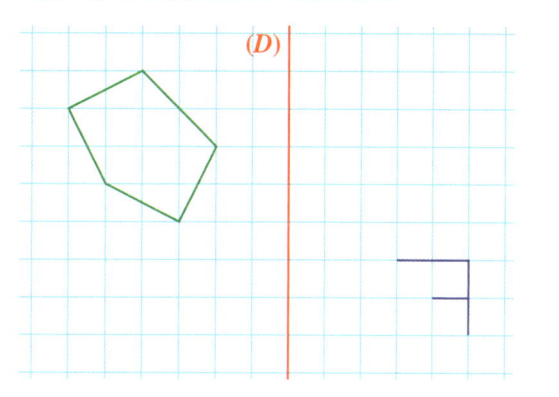

4 ★★★
Je m'évalue □ □ □

Complète chaque figure en traçant son symétrique par rapport à l'axe donné.

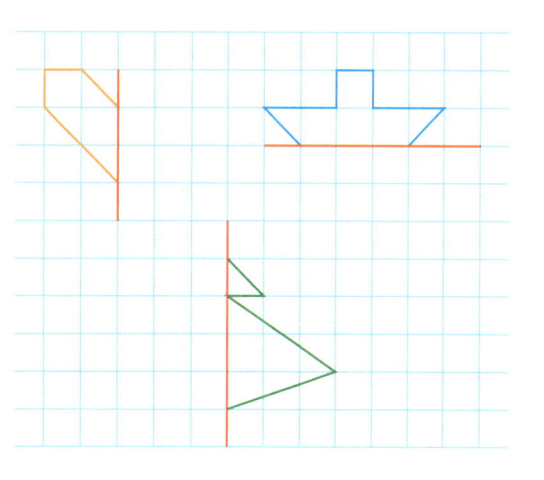

5 ★★★
Je m'évalue □ □ □

Construis les symétriques F_1 et F_2 de la figure F, puis le symétrique F_3 de F_1.

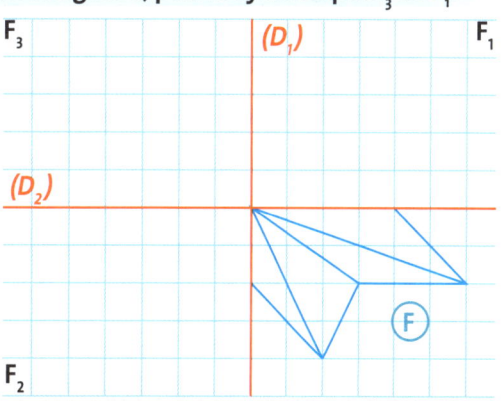

Français

Maths

Hist.-Géo – EMC
Histoire des arts

Sciences
et technologie

Anglais

Évaluations

Code
informatique

20 Périmètre du carré et du rectangle

Savoir

- Le **périmètre** d'une figure est la **longueur** de la ligne qui limite cette figure.
- Le périmètre du triangle ABC est la mesure de la ligne brisée AB + BC + CA.

Le périmètre s'exprime avec une unité de longueur (m, cm,…).

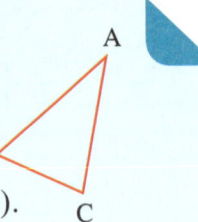

Savoir faire

• Calculer le périmètre du carré et du rectangle

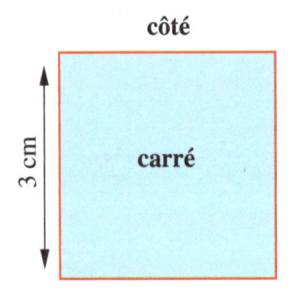

côté — carré — 3 cm

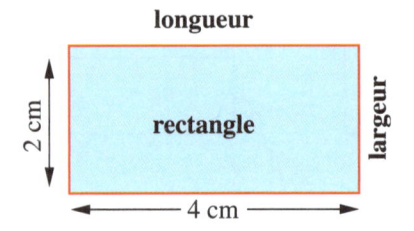

longueur — rectangle — largeur — 2 cm — 4 cm

périmètre = côté × 4
= 3 × 4 = 12 (cm).

périmètre = (longueur + largeur) × 2
= (4 + 2) × 2 = 12 (cm).

• Calculer une dimension connaissant le périmètre

1. carré
- **côté = périmètre : 4**

Exemple : périmètre du carré = 20 cm
côté = 20 : 4 = 5 (en cm)

2. rectangle
- **longueur = (périmètre : 2) – largeur**

Exemple : périmètre du rectangle = 54 cm et largeur = 8 cm
longueur = (54 : 2) – 8
= 27 – 8 = 19 (en cm)

- **largeur = (périmètre : 2) – longueur**

Exemple : périmètre du rectangle = 68 cm et longueur = 23 cm
largeur = (68 : 2) – 23
= 34 – 23 = 11 (en cm)

Faire

1 ★

Je m'évalue ☐☐☐

Calcule le périmètre :

a. d'un carré de 12 cm de côté ;

....

b. d'un rectangle de 18 m de long et de 11 m de large.

....

2 ★

Je m'évalue ☐☐☐

Trouve la mesure du côté d'un carré de 648 m de périmètre.

....

3 ★★

Je m'évalue ☐☐☐

Résous ce problème.

Ce dessin représente 4 tables carrées mises côte à côte.

2 m ↕ [dessin de tables]

Calcule le périmètre d'une table (en m).

....

....

Calcule le périmètre de l'ensemble des 4 tables (en m).

....

....

4 ★★

Je m'évalue ☐☐☐

Complète le tableau suivant.

	rectangle 1	rectangle 2	rectangle 3
périmètre (en m)	48	....	72
demi-périmètre (en m)	....	31	....
longueur (en m)	18	....	29,5
largeur (en m)	....	12,5	....

5 ★★

Je m'évalue ☐☐☐

Résous le problème suivant.

François veut poser une frise qui fera le tour de sa chambre.

Quelle longueur de frise doit-il acheter ?

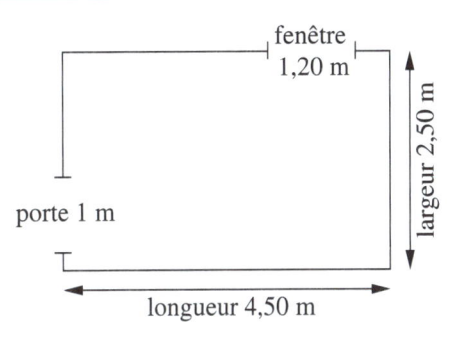

....

....

6 ★★★

Je m'évalue ☐☐☐

Résous ce problème sur ton cahier.

On veut construire un rectangle dont le périmètre est le même que celui d'un carré de 6 cm de côté.
a. Quel est le périmètre de ce rectangle ?
b. Quelle est sa longueur sachant que sa largeur est de 4 cm ?

7 ★★★

Je m'évalue ☐☐☐

Résous ce problème sur ton cahier.

Le périmètre total du terrain ABCD est 180 m.
Calcule les dimensions manquantes, puis le périmètre de la partie jaune.

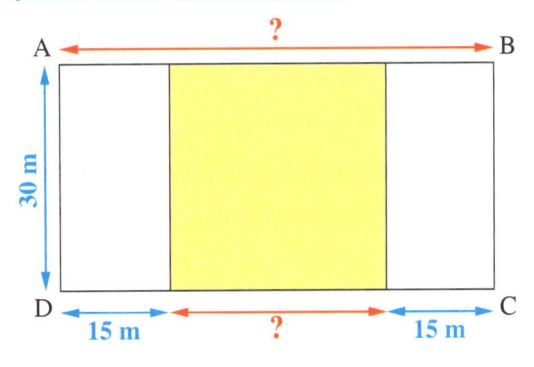

Français

Maths

Hist.-Géo – EMC Histoire des arts

Sciences et technologie

Anglais

Évaluations

Code informatique

21 Mesures d'aire : pavages

Savoir

• L'**aire** d'une figure est la mesure de sa **surface** (son étendue).
L'aire du triangle ABC est colorée en jaune.
Il ne faut pas confondre l'aire avec son périmètre.

• Une aire s'exprime avec une **unité** de mesure.

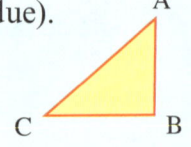

Exemple :

Figure A

unité d'aire u ⟶ 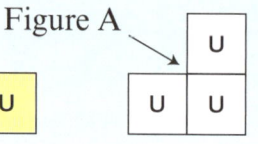 L'aire de la figure A est égale à 3 u.

Savoir faire

• **Calculer l'aire d'une surface formée d'unités entières**

Exemple :

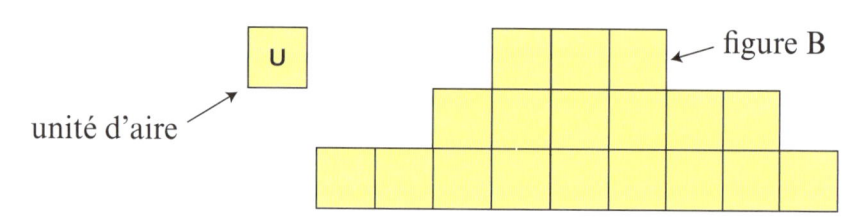

unité d'aire

figure B

L'unité étant le carreau **u**, compte le **nombre total de carreaux** contenus dans la figure B.
L'aire de la surface B est égale à 18u.

• **Calculer l'aire d'une surface formée d'unités non entières**

Exemple :

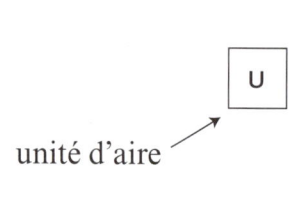

unité d'aire

figure C

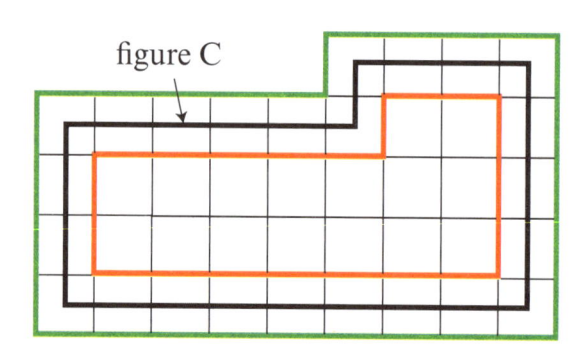

Procède par **encadrement**.
1. Compte le nombre d'**unités entières** délimitées par le **trait rouge** : 16 u.
2. Compte le nombre d'**unités entières** délimitées par le **trait vert** : 40 u.
3. Écris l'**encadrement** de l'aire de la figure C :

16 u < aire de C < 40 u.

1 ★
Calcule l'aire de la surface jaune en prenant  **comme unité.**

....

2 ★
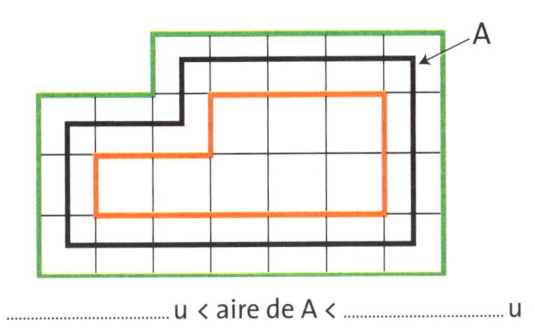 **étant l'unité d'aire, donne l'aire de la figure A, en comptant le nombres d'unités entières délimitées par le trait rouge, puis celles délimitées par le trait vert.**

.... u < aire de A < .... u

3 ★★
Calcule l'aire de chacune des figures ci-dessous en prenant : U1 **puis** U2 **comme unité d'aire.**

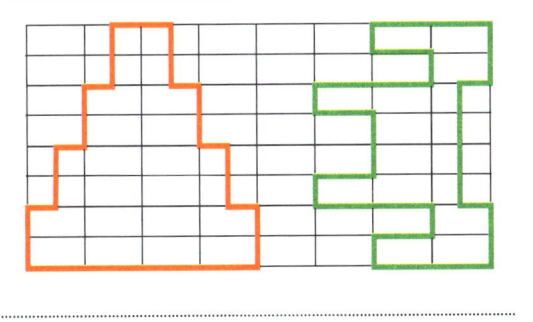

....

....

4 ★★
Donne l'aire de la figure ci-dessous sous la forme d'un encadrement en prenant U **comme unité.**

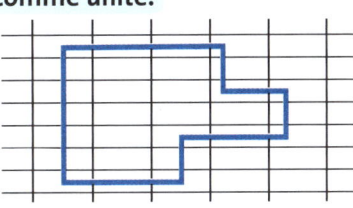

....

5 ★★★
Donne, par encadrement, l'aire de la figure délimitée par le cercle ; pour cela, termine les tracés rouge et vert. L'unité d'aire est le carreau.

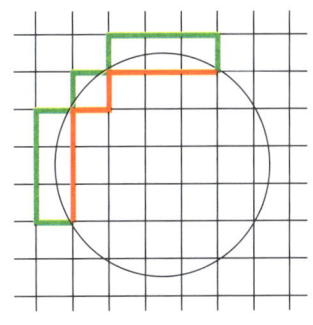

6 ★★★
Donne l'aire de la figure ci-dessous sous la forme d'un encadrement, en utilisant U1 **puis** U2 **comme unité.**

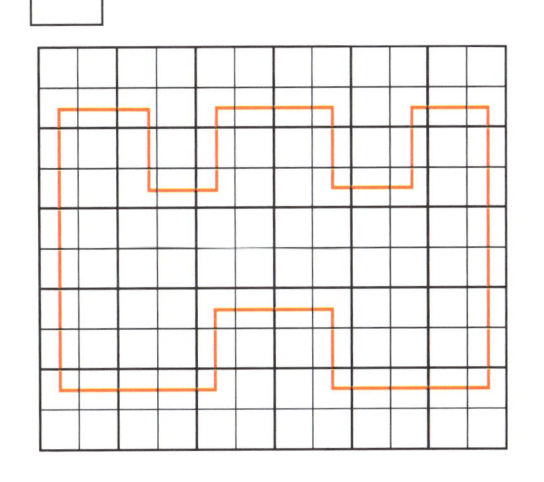

....

22 Les angles

Savoir

● Qu'est-ce qu'un angle ?

● Un angle est formé de **deux demi-droites** ayant le même point d'origine. L'angle ci-contre se nomme $\widehat{xOy}$. *O* est le **sommet** de l'angle ; *Ox* et *Oy* sont ses côtés.

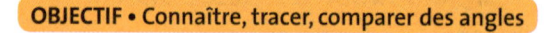

● Il existe différents angles :

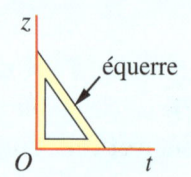

l'angle droit
(On le mesure avec l'équerre.)

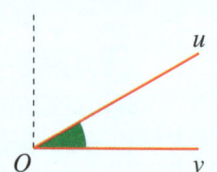

l'angle aigu
(plus petit que l'angle droit)

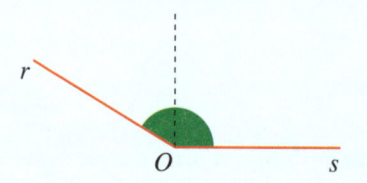

l'angle obtus
(plus grand que l'angle droit)

Savoir faire

● Vérifier qu'un angle est droit à l'aide de l'équerre

1. Place le **sommet** de l'angle droit de l'équerre sur le **sommet** de l'angle donné.

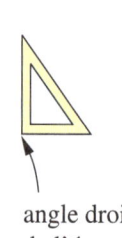

angle droit de l'équerre

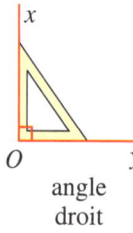

angle droit

2. Superpose **un côté** de l'angle droit de l'équerre et **un côté** de l'angle donné.
Si l'**autre côté** de l'angle droit de l'équerre et le **deuxième côté** de l'angle donné se superposent, l'angle donné est droit.
3. Écris alors le symbole ⌐ dans l'angle droit.

● Comparer des angles à l'aide d'un gabarit

Pour comparer des angles, reproduis-les à l'aide de papier calque, puis découpe-les. Tu obtiens des **gabarits** d'angles.
Tu peux les comparer en les **superposant**.

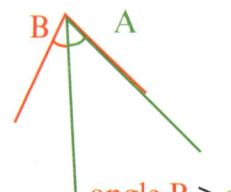

angle B > angle A

Remarque La grandeur d'un angle ne dépend pas de la longueur des côtés mais de leur écartement.

Français

Maths

Hist.-Géo – EMC Histoire des arts

Sciences et technologie

Anglais

Évaluations

Code informatique

1 ★
Combien comptes-tu d'angles à l'intérieur des figures ci-dessous ?

Je m'évalue □ □ □

 A 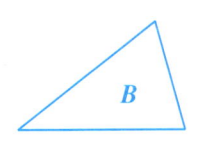 B 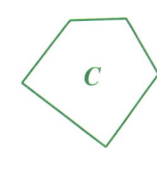 C

....

2 ★
Vérifie les angles ci-dessous à l'aide de ton équerre, puis complète le tableau avec des croix.

Je m'évalue □ □ □

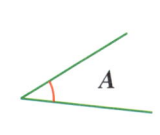 A 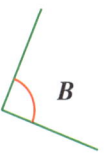 B 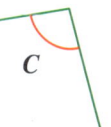 C

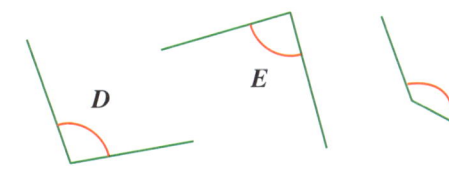 D E F

est un angle :	A	B	C	D	E	F
droit						
aigu						
obtus						

3 ★★
Trace un angle droit, un angle aigu, un angle obtus. Écris leur nom au-dessous.

Je m'évalue □ □ □

4 ★★
Recherche les angles superposables dans chaque figure à l'aide de gabarits. Indique l'égalité des angles. (*Ex. :* Â = Ĉ)

Je m'évalue □ □ □

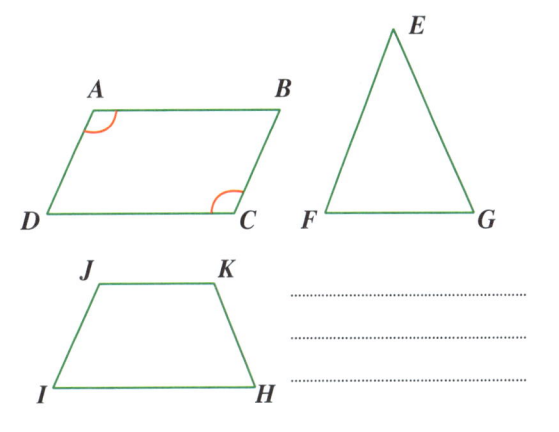

....
....
....

5 ★★★
Range ces angles du plus petit au plus grand en utilisant des gabarits.

Je m'évalue □ □ □

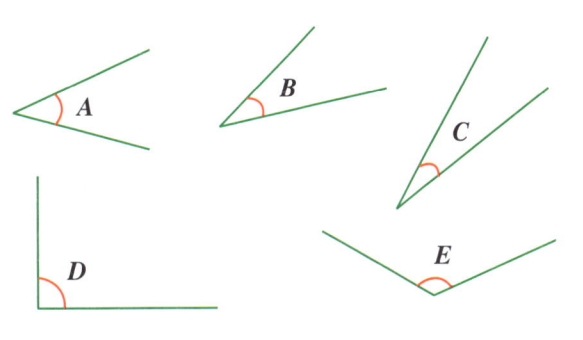

....

6 ★★★
Résous ce problème sur une feuille. Construis les gabarits des angles $\widehat{xAy}$ et $\widehat{uCv}$.

Je m'évalue □ □ □

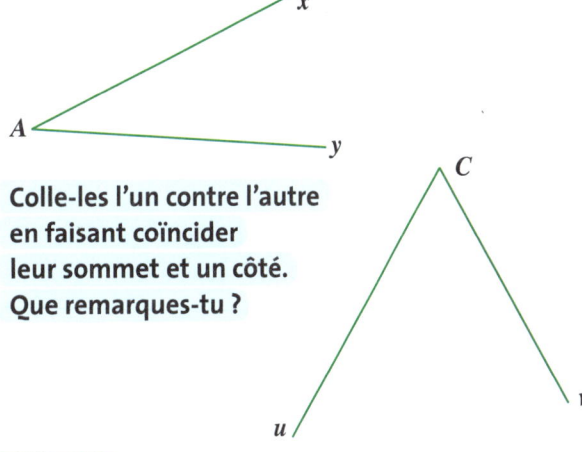

Colle-les l'un contre l'autre en faisant coïncider leur sommet et un côté. Que remarques-tu ?

23 — Longueur / Masse /Contenance

Savoir

● Les unités

Les unités de mesure de **longueur**, de **masse** et de **contenance** sont le **mètre**, le **gramme**, le **litre** ainsi que leurs multiples et leurs sous-multiples.

	multiples				sous-multiples		
longueur	kilomètre km	hectomètre hm	décamètre dam	mètre m	décimètre dm	centimètre cm	millimètre mm
masse	kilogramme kg	hectogramme hg	décagramme dag	gramme g	décigramme dg	centigramme cg	milligramme mg
capacité				litre L	décilitre dL	centilitre cL	millilitre mL

● Correspondance des unités

Tu passes d'une unité à une autre en **multipliant** ou en **divisant** par **10**, **100**, **1 000**…

Exemples : 1 m = 10 dm (× 10) ; 200 g = 2 hg (: 100) ;
5 L = 500 cL (× 100) ; 4 000 m = 4 km (: 1 000).

Remarque 1 **tonne** (t) = 1 000 kg (× 1 000) ; 5 000 kg = 5 **tonnes** (: 1 000).

Savoir faire

● Convertir une mesure de longueur, de masse ou de contenance

1. Écris le nombre dans un **tableau de conversion**.
2. Transforme-le en le **multipliant** ou en le **divisant** par 10, 100, 1000…
Exemple : Convertis 65 m en cm.

km	hm	dam	m	dm	cm	mm
		6	5			
		6	5	0	0	

×100 → **6 500 cm**

Exemple : Convertis 130 g en dag.

kg	hg	dag	g	dg	cg	mg
	1	3	0			
	1	3				

:10 → **13 dag**

Exemple : Convertis 7 L en mL.

L	dL	cL	mL
7			
7	0	0	0

× 1 000 → **7 000 mL**

Français

Maths

Hist.-Géo – EMC
Histoire des arts

Sciences
et technologie

Anglais

Évaluations

Code
informatique

1★ Convertis dans l'unité demandée.

Je m'évalue

70 m = ... dm = ... dam

400 cm = ... mm = ... m

8 000 m = ... hm = ... km

30 dm = ... m = ... mm

2★ Écris l'unité manquante.

Je m'évalue

4 km = 4 000 .... = 400 ....

300 cm = 3 .... = 3 000 ....

7 200 mm = 72 .... = 720 ....

3★★ Relie les masses identiques.

Je m'évalue

435 g •   • 43 g 5 dg

43 hg 5 dag •   • 4 hg 35 g

4 350 cg •   • 435 dag

4 g 35 cg •   • 435 cg

4★★ Complète.

Je m'évalue

7 hg + ... hg = 1 kg.

850 g + ... g = 1 kg.

6 cg + ... cg = 1 g.

999 kg + ... kg = 2 t.

5★★ Convertis dans l'unité demandée.

Je m'évalue

40 L = ... dL = ... daL

90 dL = ... L = ... cL

8 000 mL = ... L = ... dL

200 cL = ... L = ... mL

6★★ Effectue les calculs.

Je m'évalue

2 km + 500 m = ... hm.

495 cm = ... m .... cm.

7★★ Effectue les calculs.

Je m'évalue

4 dg et 9 cg = ... mg.

8 030 dag = ... kg .... dag.

8★★ Effectue les calculs.

Je m'évalue

3 L et 6 dL + 20 cL = ... dL.

7 450 mL = ... dL = ... cL.

9★★ Résous ce problème sur ton cahier.

Je m'évalue

Pour fabriquer un scoubidou, il faut 4 fils de plastique de 50 cm chacun.

Quelle longueur de fil, en mètres, sera nécessaire pour fabriquer 28 scoubidous ?

10★★★ Résous ce problème sur ton cahier.

Je m'évalue

Au supermarché, une personne achète 2 packs de 6 bouteilles d'eau de 150 cL et 1 pack de 12 bouteilles de 25 cL chacune.
Calcule, en litres, la quantité d'eau achetée.

11★★★ Résous ce problème sur ton cahier.

Je m'évalue

Un paquet de 2 kg 930 g contient :
– 4 plaquettes de beurre de 125 g l'une ;
– 3 boîtes de petits pois de 500 g chacune ;
– une boîte de biscuits.

Quelle est la masse de la boîte de biscuits ?

....

24 Mesure de durées

Savoir

Il existe plusieurs unités de mesure de **durée** :
- l'**heure** (h),   la **minute** (min),   la **seconde** (s)

1 h = 60 min   1 min = 60 s   1 h = 60 × 60 = 3 600 s.
- le **jour** :

1 jour = 24 heures.
- la **semaine** :

1 semaine = 7 jours.
- l'**année** :

1 an = 365 jours (ou 366 les années bissextiles).

Savoir faire

● Convertir dans l'unité inférieure

1. les heures en minutes et les minutes en secondes

Multiplie par **60**.

Exemples : 3 h = 60 × 3 = 180 min ; 5 min = 60 × 5 = 300 s

2. les jours en heures

Multiplie par **24**.

Exemple : 2 jours = 24 × 2 = 48 h

● Convertir dans l'unité supérieure

1. les secondes en minutes et les minutes en heures

Divise par **60**.

Exemple : 258 s : 60 = 4 min 18 s

```
  2 5 8 | 6 0
- 2 4 0 | 4
  ----- | minutes
    1 8 |
secondes
```

Exemple : 365 min : 60 = 6 h 5 min

```
  3 6 5 | 6 0
- 3 6 0 | 6
  ----- | heures
      5 |
minutes
```

2. les heures en jours

Divise par **24**.

Exemple : 78 h : 24 = 3 jours 6 h

```
  7 8 | 2 4
- 7 2 | 3
  --- | jours
    6 |
heures
```

Faire

1★ Exprime en minutes.

Je m'évalue ☐☐☐

5 h = ... min.

7 h 40 min = ... min.

3 h 42 min = ... min.

23 h 43 min = ... min.

1 jour = ... min.

2★ Exprime en secondes.

Je m'évalue ☐☐☐

4 min = ... s.

6 min 20 s = ... s.

32 min 16 s = ... s

2 h 4 min = ... s.

3 h 12 min 25 s = ... s.

3★ Exprime dans l'unité demandée.

Je m'évalue ☐☐☐

4 jours = ... h.

2 années normales = ... jours.

21 jours = ... semaines.

4★★ Exprime en heures et minutes.

Je m'évalue ☐☐☐

72 min = ...

380 min = ...

2 425 min = ...

5★★ Exprime en minutes et secondes.

Je m'évalue ☐☐☐

80 s = ...

428 s = ...

1 670 s = ...

6★★ Classe les durées de la plus longue à la plus courte.

Je m'évalue ☐☐☐

3 h 15 min   1 800 s   205 min

....

7★★ Résous ce problème.

Je m'évalue ☐☐☐

La durée d'un film est de 145 min.

Pour l'enregistrer, dois-je prendre un DVD de deux heures ou de trois heures ?

....

8★★ Résous ce problème.

Je m'évalue ☐☐☐

Le vainqueur d'une régate en mer a mis 176 heures pour effectuer son parcours. **Exprime cette durée en jours et heures.**

....

9★★★ Résous ce problème sur ton cahier.

Je m'évalue ☐☐☐

M. Lavigne a séjourné aux États-Unis du 15 septembre 2010 au 20 février 2015.

Combien de temps a duré son séjour ? (Compte d'abord les jours en 2010 puis les années entières de 365 jours.)

....

....

10★★★ Résous le problème suivant.

Je m'évalue ☐☐☐

Chaque semaine, Matthias prend 2 cours de tennis de 45 minutes chacun.
Calcule la durée des cours pris par Matthias pendant un trimestre de 12 semaines.
Exprime cette durée en heures.

....

....

....

Hist.-Géo – EMC
Histoire des arts

Sciences
et technologie

Anglais

Évaluations

Code
informatique

Histoire-Géographie
EMC
Histoire des arts

Histoire

Géographie

Enseignement moral et civique

Histoire des arts

+ ● **un bilan** page 186

● **une carte de l'Union européenne** et **une frise historique** en fin d'ouvrage

1 La préhistoire en France

OBJECTIF • Connaître des traces de l'occupation ancienne du territoire français

Savoir

● Ce qu'est la préhistoire ?

L'être humain est apparu sur Terre il y a 7 millions d'années, en Afrique. On appelle préhistoire, pour un territoire donné, la période qui s'est écoulée depuis l'**apparition de l'homme** jusqu'à l'**utilisation de l'écriture**. En France, la préhistoire a commencé il y a **900 000 ans**.

● L'âge de la pierre taillée

● C'est une longue période qui commence avec les premiers hommes et qui dure environ 3 millions d'années. En raison des grands froids, les hommes de cette époque s'abritent dans des **grottes.** Ils vivent de la **chasse,** de la **pêche** et de la **cueillette.** Pour cela, ils se déplacent par petits groupes : ce sont des **nomades**. Ils sont vêtus de peaux de bêtes.

● L'homme de la pierre taillée fabrique des outils et des armes aux arêtes tranchantes en taillant une pierre très dure, le **silex**. À la fin de cette période, il réalise des **peintures rupestres** sur les murs des grottes.

● L'âge de la pierre polie – L'âge des métaux

● Il y a 4 000 ans, le climat s'étant réchauffé, les hommes se mettent à pratiquer l'**agriculture** et l'**élevage** dans notre pays. Pour cela, ils deviennent **sédentaires** et habitent dans des **huttes**. Ils ne taillent plus les pierres mais les **polissent**. Ils dressent des **menhirs** et des **dolmens.**

● Puis ils découvrent l'usage des **métaux** : d'abord le **cuivre**, puis le **bronze** (mélange du cuivre et d'étain) et, vers l'an 1 000 avant J.-C., à l'époque des Celtes, le **fer**.

Savoir faire

● Comprendre la différence entre un menhir et un dolmen

1. Observe. Un **menhir** est une pierre dressée vers le ciel. Les menhirs sont **alignés** ou disposés en **cercle**. Un **dolmen** est un **tombeau** individuel ou collectif. Il est composé d'une dalle plate posée sur des pierres verticales. L'ensemble a la forme d'une **table**.

2. Comprends. Pour déplacer ces lourdes pierres, les hommes préhistoriques les faisaient **rouler** sur des troncs d'arbres.

Un dolmen

Un menhir

Faire

1★ Complète ce texte.

Je m'évalue

La préhistoire commence à l'apparition de .... sur Terre. Elle se termine à l'invention de l'... . Au début, les hommes se déplacent : ils sont .... Plus tard, ils vivent sur place : ils deviennent ....

2★★ Écris sous ces photos le nom qui convient.

Je m'évalue

menhir – peintures rupestres – coup-de-poing (silex taillé)
dolmen – hache – couteau – vase en métal – hutte

a. ....

b. ....

c. ....

d. ....

e. ....

f. ....

g. ....

h. ....

3★★★ Réponds aux questions suivantes :

Je m'évalue

a. Recopie les mots de la liste dans la rubrique qui convient.

agriculture ; chasse ; nomade ; dolmen ; élevage ; silex ; grotte ; pêche ; sédentaire ; cueillette ; menhir ; hutte ; grands froids.

Âge de la pierre taillée : ....

....

Âge de la pierre polie : ....

....

b. Classe ces métaux dans l'ordre où l'homme préhistorique les a utilisés : fer ; cuivre ; bronze.

1 : ....   2 : ....   3 : ....

2 La Gaule / La Gaule romaine

Savoir

La Gaule – Les Gaulois

- Vers l'an **1 000 avant J.-C.**, notre pays est en grande partie occupé par des **Celtes** venus des pays d'Europe centrale et auxquels les Romains ont donné le nom de **Gaulois**. Leur territoire est donc appelé la **Gaule**.

- Les Gaulois sont répartis en une soixantaine de tribus qui se font souvent la guerre. Ils savent cultiver la terre, fabriquer des bijoux, des armes et des étoffes.

L'arrivée des Romains

- Un peu après **100 avant J.-C.**, des Romains, venus d'Italie, s'installent dans une partie du sud de la Gaule, la **Narbonnaise.** De **58 à 52 avant J.-C.**, le général romain **Jules César** entreprend la conquête de la Gaule. Malgré la résistance des tribus gauloises commandées par **Vercingétorix**, il remporte la victoire d'**Alésia** en 52 avant J.-C. La Gaule devient une province romaine. On appelle **Gallo-Romains** les habitants de cette province.

- Les Romains construisent en Gaule des **villes** comme Lyon et Nîmes, des routes, et de grands édifices (arènes, temples, théâtres, etc.).

- Ils apportent une religion nouvelle qui va se développer : le **christianisme**.

Savoir faire

Comprendre l'expansion du christianisme en Gaule

1. Analyse la carte.
- Les premiers chrétiens s'installent à **Lyon** (capitale) et à **Vienne**.
- On compte cinq églises autour de **Marseille**.
- Au IIIe siècle, les chrétiens se regroupent vers **Marseille**, **Paris**, **Rouen**, **Sens** et **Reims**.
- Vers 400, on compte **quatre monastères**.

2. Conclus. Le christianisme s'est étendu partout en France.

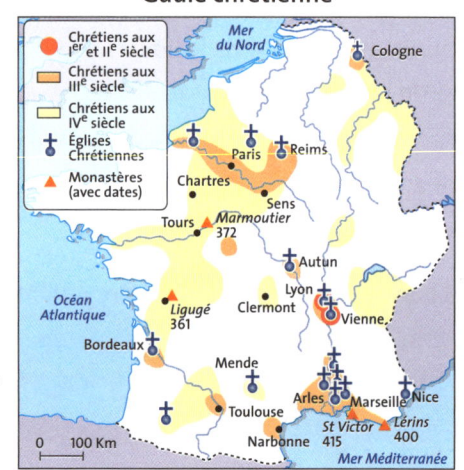

Gaule chrétienne

1 ★

En regardant la carte, quelle tribu gauloise occupe :

Je m'évalue ▢ ▢ ▢

a. la région parisienne ? ....

b. le Massif central ? ....

2 ★

Complète ce texte :

Je m'évalue ▢ ▢ ▢

a. Le général romain .... a fait la conquête de la Gaule. Il a battu le chef gaulois .... lors de la bataille d' .... en .... avant J.-C.

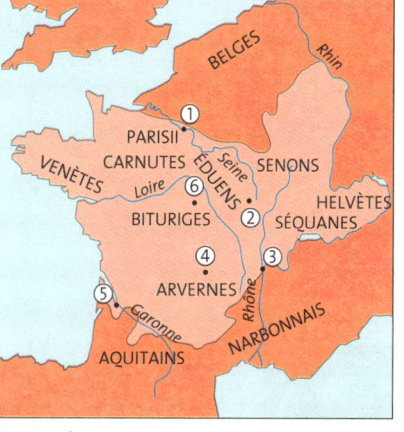

La Gaule est en rose.

3 ★★

Quelles villes gallo-romaines correspondent aux numéros de la carte ? Choisis dans la liste suivante : Gergovie, Alésia, Lutèce, Lugdunum (Lyon), Burdigala (Bordeaux), Avaricum (Bourges).

Je m'évalue ▢ ▢ ▢

① : .... ② : .... ③ : ....

④ : .... ⑤ : .... ⑥ : ....

4 ★★

Retrouve le nom des monuments gallo-romains ci-dessous, puis écris-le sous chaque photo.

Je m'évalue ▢ ▢ ▢

a. ....

b. ....

5 ★★★

Lis le texte puis réponds aux questions.

Je m'évalue ▢ ▢ ▢

En 177 eut lieu à Lyon un massacre de chrétiens. Une jeune esclave chrétienne, Blandine, fut livrée aux lions dans l'arène mais ceux-ci ne la touchèrent pas. Elle fut ensuite fouettée, et placée sur une chaise de fer brûlante. Puis on la jeta dans un filet et on la livra à un taureau furieux. Mais elle vivait encore. Alors, on l'acheva à coups d'épée.

a. Qui était Blandine ? ....

b. Où et en quelle année fut-elle martyrisée ? ....

c. Énumère les supplices qu'elle a subis. ....

....

3 Les grandes invasions – Clovis

OBJECTIF • Comprendre la transformation de la Gaule en royaume des Francs

Savoir

● Les invasions barbares

● À partir de 352, mais surtout en 406 lors des **grandes invasions**, des tribus venues de l'Est, les **Germains**, s'installent dans notre pays et en deviennent les maîtres : les **Francs** dans le Nord, les **Wisigoths** dans le Sud-Ouest, les **Burgondes** à l'Est.

● En 451, les **Huns** pénètrent en Gaule, mais sont repoussés dans leur pays par les Germains et l'armée romaine.

Baptême de Clovis.
Miniature extraite des
Chroniques de France, BNF.

● Les Francs et Clovis

Les Francs sont des guerriers vigoureux et braves. En 481, ils choisissent un nouveau roi, **Clovis**, qui commence aussitôt la conquête de la Gaule. Ayant épousé une princesse chrétienne, Clovis se fait baptiser à Reims. Grâce à l'appui des évêques, il devient le maître de presque toute la Gaule.

● Les Mérovingiens

Clovis et ses successeurs se nomment les **Mérovingiens**. Les rois mérovingiens règnent chacun sur une parcelle du royaume. Ils se livrent combat continuellement.

Savoir faire

● Décrire un personnage d'après une représentation

Un guerrier franc

● **Décris l'homme**
Grandes moustaches, longs cheveux attachés en nattes.

● **Décris les armes**
Un casque ; dans la main droite, une longue lance ; dans la main gauche, le bouclier ; une épée attachée au baudrier ; la francisque (hache) à la ceinture.

● **Décris les vêtements**
Une tunique, des braies (culotte), de larges cordons sur les braies.

Français

Maths

Histoire

Sciences et technologie

Anglais

Évaluations

Code informatique

1 ★

Je m'évalue

Relis bien le *Savoir* de la page de gauche, puis réponds de mémoire aux questions suivantes.

a. Comment appelle-t-on les tribus qui envahissent la Gaule en 406 ? ....

b. Qui a réussi à repousser les Huns en 451 ? ....

c. À quelle famille de rois appartenait Clovis ? ....

2 ★★

Je m'évalue

Observe les cartes ci-dessous puis réponds aux questions.

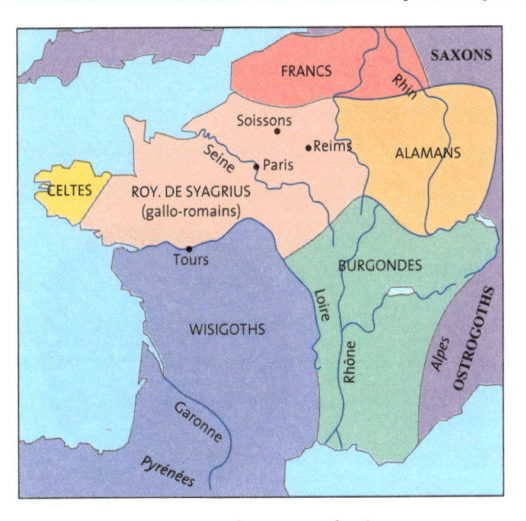

La Gaule avant Clovis

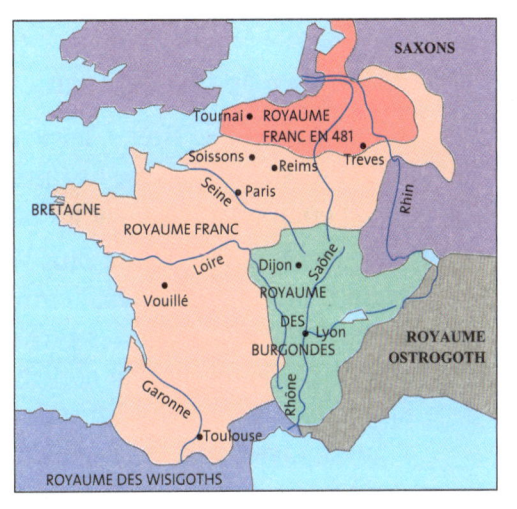

Le royaume Franc

a. Quels royaumes composaient la Gaule avant le règne de Clovis ?

....

b. Quels royaumes ont été conquis par les Francs (entièrement ou en partie) ?

....

3 ★★★

Je m'évalue

Sur cette frise chronologique, place les événements suivants.

Grandes invasions (406) – Clovis, roi des Francs (481) – baptême de Clovis (496) – les Huns sont repoussés (451) – fin des Mérovingiens (751) – mort de Clovis (511)

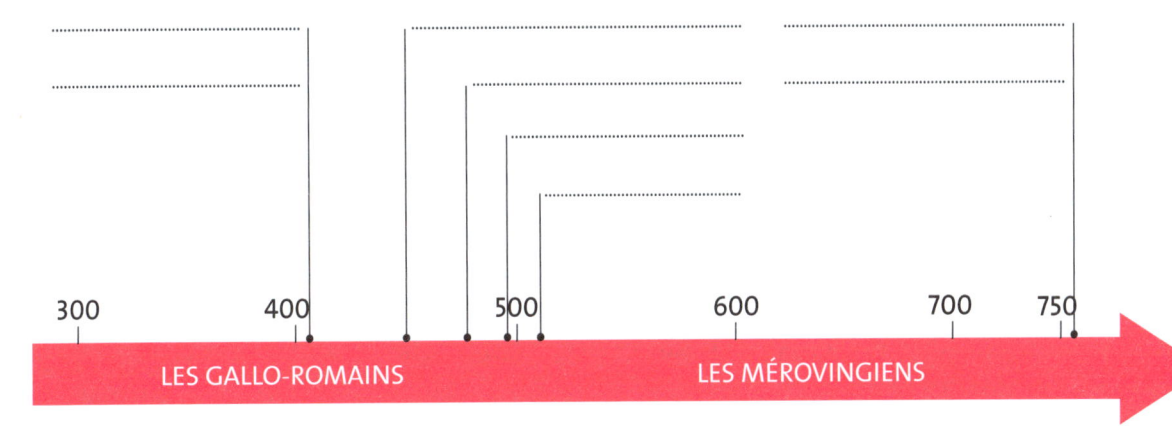

4 Les invasions arabes – Charlemagne

Savoir

● Les invasions arabes

● Après l'invasion des Germains, les **Arabes**, venus d'Asie, envahissent à leur tour notre pays. **Charles Martel** les repousse à **Poitiers** en 732. Son fils, **Pépin le Bref**, se fait couronner roi. Les **Carolingiens** succèdent aux Mérovingiens.

● L'empire de Charlemagne

● Fils de Pépin le Bref, **Charlemagne** devient roi en 768. Durant les 45 années de son règne, il ne cesse de faire la guerre. Il fonde un grand empire chrétien et se fait couronner **empereur** à Rome, par le pape, en l'**an 800**.

● Dans cet empire, bien plus vaste que la France actuelle, et qu'il divise en **comtés**, l'empereur rétablit et maintient la paix. Il envoie dans les provinces des émissaires qui inspectent les comtés et contrôlent les évêques. Dans son palais et ses **villas** (grands domaines agricoles), Charlemagne crée des **écoles**. Il meurt en 814.

● En l'an 843, l'empire carolingien est partagé entre les trois petits-fils de Charlemagne. La partie la plus à l'ouest deviendra la France.

Denier d'argent de Charlemagne, IXᵉ siècle, BNF.

Savoir faire

● Analyser un document d'époque

La culture de Charlemagne

« Charlemagne parlait avec abondance et facilité ; il savait exprimer tout ce qu'il voulait avec une grande clarté. Sa langue nationale ne lui suffit pas : il s'appliqua à l'étude des langues étrangères... Son maître fut Alcuin. Il consacra beaucoup de temps et de labeur à apprendre auprès de lui l'art de bien parler et surtout l'astronomie. »

D'après Eginhard, *Vie de Charlemagne*.

● **Lis le texte**

Le texte t'apprend que Charlemagne aimait beaucoup les études et qu'il possédait une **grande culture** personnelle.

● **Interprète les informations**

Le goût de Charlemagne pour les études explique pourquoi il a créé de **nombreuses écoles**.

Faire

Français
Maths
Histoire
Sciences et technologie
Anglais
Évaluations
Code informatique

1 ★
Sur la carte, colorie en jaune le royaume de Charlemagne en 771, puis en bleu les conquêtes de Charlemagne.

Je m'évalue

ANGLETERRE
SAXE
Meuse
•
Aix-la-Chapelle
(*capitale*)
Seine •Paris
Rhin
BRETAGNE
Danube
BAVIÈRE
Saône
Loire
MARCHE D'AUTRICHE
Lyon•
ROYAUME
Rhône
LOMBARD
Garonne
•Toulouse
MARCHE D'ESPAGNE
ITALIE
•Rome
ESPAGNE
CORSE
•Barcelone

☐ Royaume de Charlemagne en 771.

☐ Conquêtes de Charlemagne.

2 ★
Quels sont les pays ou provinces conquis par Charlemagne ?

Je m'évalue

....

....

3 ★★
Observe l'illustration, lis le commentaire, puis coche l'affirmation juste.

Je m'évalue

C'est un prince arabe qui donna l'idée à Charlemagne d'utiliser des étriers.

Les étriers servent à :
a. protéger le corps ; ☐
b. transpercer l'adversaire ; ☐
c. poser les pieds pour prendre appui afin de mieux combattre. ☐

4 ★★★
Relie chaque étiquette à la frise chronologique.

Je m'évalue

| 700 | 750 | 800 | 850 | 900 |

LES MÉROVINGIENS   LES CAROLINGIENS

Charlemagne roi   bataille de Poitiers   partage de l'empire de Charlemagne   mort de Charlemagne   Charlemagne empereur

5 Les Capétiens

Savoir

● Hugues Capet, premier roi de France

Hugues Capet est élu roi en 987. Moins puissant que d'autres seigneurs, il n'est respecté que dans son domaine : Paris et sa région. Il rend le pouvoir **héréditaire** (de père en fils). Ses descendants, les **Capétiens**, vont agrandir et unifier le royaume de France.

● Les autres grands Capétiens

● **Philippe Auguste**, roi de France de 1180 à 1223, réussit à se faire obéir des seigneurs. Il repousse le roi d'Angleterre et ses alliés à **Bouvines**, en **1214.**

● **Louis IX**, petit-fils de Philippe Auguste et roi très chrétien, fut appelé **Saint Louis**. Il règne du 1226 à 1270. Respecté dans son royaume, il assure la **paix** avec l'Angleterre. Il meurt en **1270** devant Tunis, lors d'une croisade.

● **Philippe IV le Bel,** petit-fils de Louis IX, roi de France de 1285 à 1314, impose son autorité au pape, enrichit le royaume et l'agrandit de la **Champagne** et des villes de **Lyon** et **Lille**.

Louis IX

● Les croisades

Les croisades furent des expéditions qui rassemblèrent des milliers de pèlerins et de chevaliers désireux de **chasser les Turcs de la Terre sainte**, la Palestine, où se trouvait le tombeau du Christ. Il y eut **huit croisades** de 1096 à 1270.

Savoir faire

● Comprendre une frise chronologique

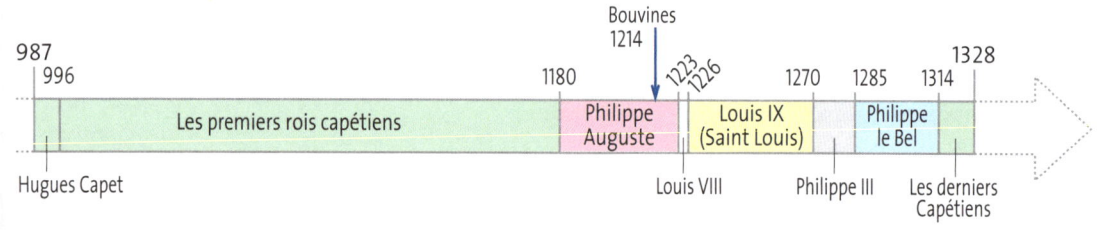

Le règne des Capétiens

● **Observe :** Certaines dates marquent **le début et la fin d'un règne**.

1180   1223   règne de Philippe Auguste.

D'autres dates marquent un **événement précis**. 1214, victoire de Bouvines.

● **Comprends.** Tu peux **déduire** certaines informations de cette frise.

Exemple : Le règne des Capétiens a commencé en 987 et s'est terminé en 1328. Il a donc duré 341 ans.

Français

Maths

Histoire

Sciences et technologie

Anglais

Évaluations

Code informatique

Faire

1★
Relie ces éléments comme il convient.

Hugues Capet •   • a imposé son autorité au pape.

Louis IX (Saint Louis) •   • a rendu le pouvoir héréditaire.

Philippe Auguste •   • a assuré la paix avec l'Angleterre.

Philippe IV le Bel •   • a remporté la bataille de Bouvines.

2★★
Réponds aux questions à l'aide de la carte.

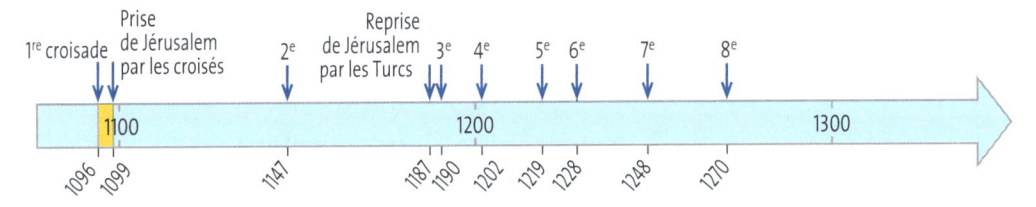

······· Frontière en 1328
☐ Domaine royal en 987 (Hugues Capet)
☐ Domaine royal en 1328 (Philippe le Bel)
☐ Possessions anglaises

a. Autour de quelles grandes villes s'étendait le royaume de Hugues Capet en 987 ? ....

....

b. Quelles provinces furent rattachées à la France sous le règne des Capétiens ? ....

....

c. À qui appartenait la Guyenne ? ....

....

3★★★
Réponds à ces questions sur les croisades en t'aidant de la frise.

1re croisade — Prise de Jérusalem par les croisés — 2e — Reprise de Jérusalem par les Turcs — 3e — 4e — 5e — 6e — 7e — 8e

1100   1200   1300

1096   1099   1147   1187   1190   1202   1219   1228   1248   1270

a. Combien y a-t-il eu de croisades ? ....

....

b. Dans quel but ont été organisées les croisades ? ....

c. Combien de temps a duré la première croisade ? ....

Comment s'est-elle terminée ? ....

d. Que s'est-il passé en 1187 ? ....

e. Réponds à l'aide du *Savoir faire*. Quel roi a participé : à la 3e croisade ? ....

Et à la 7e croisade ? ....

6 La Renaissance – Les guerres de religion

OBJECTIF • Découvrir les arts de la Renaissance – Comprendre l'éclatement religieux au XVIe siècle

Savoir

● Les conséquences des guerres d'Italie

Lors des guerres de conquête qu'ils mènent en **Italie** à partir de 1494, les rois de France découvrent de splendides **palais** et **monuments** enrichis de **peintures** et de **sculptures**. Rentrés en France, ils veulent reproduire ce qu'ils ont vu : c'est l'époque de la **Renaissance**.

● Les œuvres d'art de la Renaissance

La Renaissance est l'époque de la construction ou de la rénovation des **châteaux de la Loire**. C'est aussi celle des écrivains comme **Ronsard**, **Du Bellay**, **Rabelais** et **Montaigne**, du peintre **Michel-Ange**, de l'architecte **Pierre Lescot** et du sculpteur **Jean Goujon**. Le roi **François I**er fait venir en France le grand peintre et savant italien **Léonard de Vinci** dont il devient le **mécène** (il l'aide **financièrement**). Il lui offre un lieu d'habitation au bord de la Loire, à **Amboise**, et lui commande des œuvres. Les rois avaient coutume d'aider ainsi les artistes pour les garder auprès d'eux.

● Les guerres de religion

De 1560 à 1598, une guerre civile oppose à plusieurs reprises **catholiques** et **protestants**, pourtant tous des chrétiens. Dans la nuit du **24 août 1572**, des milliers de protestants sont assassinés : c'est le massacre de la **Saint-Barthélemy**. Protestant, **Henri IV** se convertit au catholicisme pour devenir roi. En **1598**, il signe l'**édit de Nantes** qui accorde la liberté religieuse aux protestants.

Savoir faire

● Établir la biographie d'un personnage : Léonard de Vinci

Léonard de Vinci

1. Note à l'aide d'une encyclopédie ou d'Internet les grandes étapes de sa vie. Léonard de Vinci est né à Vinci, près de Florence (Italie) en **1452**. Il est mort au manoir du Clos-Lucé à Amboise en **1519**.

2. Dresse la liste de ses œuvres les plus connues.
- Ses peintures : *La Vierge aux rochers* (1483), *la Joconde* (1503), *Saint Jean-Baptiste* (1513)…
- Ses inventions : recherche sur les sous-marins, le vol des avions, la mitrailleuse, le parachute…
- Ses études : traité sur la structure du corps humain.

3. Regroupe toutes les informations recueillies sur une fiche en mettant un titre et des sous-titres : « Léonard de Vinci ; **1.** Sa vie ; **2.** Son œuvre »

1★
Je m'évalue ☐☐☐

Relie comme il convient.

Ronsard •   • architecte

Pierre Lescot •   • peintre et savant

Jean Goujon •   • écrivain

Léonard de Vinci •   • sculpteur

2★★
Je m'évalue ☐☐☐

Écris les noms des châteaux de la Renaissance à l'emplacement qui convient.
Aide-toi d'une carte ou d'Internet.

- Blois
- Chambord
- Azay-le-Rideau
- Amboise
- Chenonceau

Orléans

Loire

Tours

Indre

Cher

1 ....

2 ....

3 ....

4 ....

5 ....

3★★
Je m'évalue ☐☐☐

Réponds à ces questions.

a. Quels groupes religieux se sont affrontés lors des guerres de religion ? ....
....

b. Que s'est-il produit le 24 août 1572 ? ....

c. Que fit Henri IV pour devenir roi de France ? ....

d. En quelle année Henri IV signa t-il l'édit de Nantes et dans quel but ? ....
....

4★★★
Je m'évalue ☐☐☐

À la manière de celle de Léonard de Vinci, établis, sur une feuille, la biographie de François Rabelais à l'aide des renseignements ci-dessous. Tu peux l'enrichir en consultant une encyclopédie (sous-titres possibles : les étapes de sa vie ; ses études ; son œuvre).

Naissance vers 1494 en Touraine, à la Devinière, près de Chinon. Mort à Paris, en avril 1553.
De 1520 à 1527, il est moine, apprend le grec et entre à l'abbaye de Maillezais.
De 1527 à 1530, il prend l'habit de prêtre. En 1530, il entreprend des études de médecine à Montpellier.
À partir de 1534, il fait de nombreux voyages en Italie.
Rabelais a écrit deux grandes œuvres imaginaires, des sortes de contes :
1532 : *Pantagruel*, les aventures d'un géant, fils de Gargantua.
1534 : *Gargantua*, père de Pantagruel et géant lui aussi, longtemps en guerre contre Picrochole.

Français

Maths

Histoire

Sciences et technologie

Anglais

Évaluations

Code informatique

7 Le règne de Louis XIV

Savoir

● La régence d'Anne d'Autriche

Louis XIV n'a que cinq ans à la mort de son père, Louis XIII. Anne d'Autriche, sa mère, assure la régence avec le **cardinal Mazarin**. La France s'agrandit de l'**Alsace**, du **Roussillon** et de l'**Artois**.

● Le règne de Louis XIV

● À la mort de Mazarin, Louis XIV gouverne en **roi absolu**, sans Premier ministre. **Il supprime l'édit de Nantes** en 1685. Les protestants s'enfuient à l'étranger.

● Louis XIV fait construire le **château de Versailles** et y organise de somptueuses fêtes. Les plus grands artistes sont au service du roi (La Fontaine, Molière…). **Colbert**, ministre de Louis XIV, développe le commerce avec les pays étrangers. Une partie de la Flandre et la Franche-Comté viennent agrandir la France.

● La colonisation

À la fin du règne de Louis XIV, la France possède des colonies aux Antilles (Martinique, Guadeloupe). On y envoie travailler des esclaves capturés en Afrique et vendus pour travailler dans les plantations : c'est la **Traite des Noirs**.

Louis XIV

Savoir faire

● Interpréter un texte d'époque

Au XVIIᵉ siècle

Départ de Paris le 3 mai 1680 : « Le temps est beau à merveille, la route délicieuse. » Orléans, 8 mai : « Notre essieu rompit hier dans un lieu merveilleux. Nous fûmes deux heures sans nous ennuyer. La lune nous accompagnera sur la Loire, où nous embarquerons demain. »

Texte de madame de Sévigné.

1. Lis le texte.
2. Déduis-en une information.
● Ce texte nous renseigne sur les moyens de transport utilisés au XVIIᵉ siècle : ici, la diligence et le bateau.
● De Paris à Orléans (120 km), le voyage a duré du 3 mai au 8 mai, soit 5 jours.

Français

Maths

Histoire

Sciences
et technologie

Anglais

Évaluations

Code
informatique

1 ★
En t'aidant du *Savoir* et d'un atlas, écris les noms des cinq régions qui sont venues agrandir la France sous Louis XIV.

Je m'évalue ☐ ☐ ☐

La France en 1715

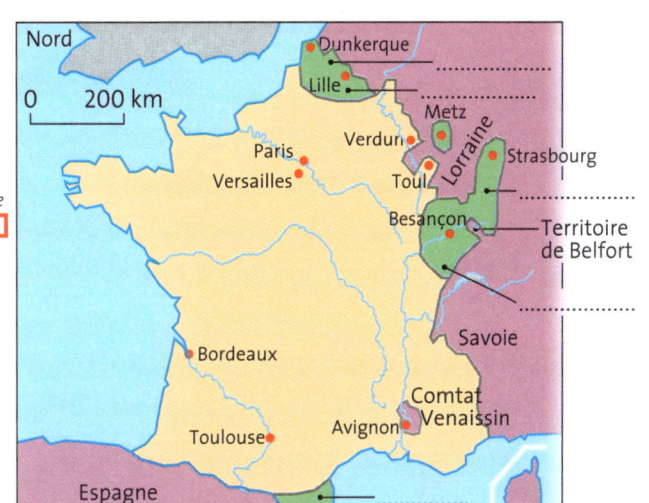

2 ★★
Après Louis XIV, quels territoires manque-t-il encore à la France pour qu'elle ait son étendue actuelle ?

Je m'évalue ☐ ☐ ☐

....
....
....
....

3 ★★
Réponds en t'aidant de la carte ci-dessous.

Je m'évalue ☐ ☐ ☐

a. À partir de quels ports la France fait-elle du commerce ?

....

b. Vers quel pays ?

....
....

c. Qui envoie-t-elle travailler aux Antilles ?

....

4 ★★★
Classe les productions françaises à l'aide de la carte de l'exercice 3.

Je m'évalue ☐ ☐ ☐

Industries textiles
....

Industries métallurgiques
....

Industries alimentaires
....

Mines et carrières
....

8 La Révolution française

Savoir

● Les causes de la Révolution

● En 1789, sous le règne de Louis XVI, la France est composée de **trois ordres** : deux ordres **privilégiés**, la **noblesse** (comtes, ducs, …) et le **clergé** (gens d'église) qui ne paient pas d'impôts ainsi que le **tiers état** (le reste de la population) qui paie tous les impôts.

● Les caisses de l'État étant vides, Louis XVI réunit les **états généraux** (ensemble des députés) à **Versailles**, le **5 mai 1789** pour faire voter de nouveaux impôts.

● Les grands événements de 1789

● **14 juillet** : de nombreux députés, mécontents, commencent à s'opposer au roi. Celui-ci fait venir des troupes autour de Paris pour contrôler la situation. Les Parisiens, inquiets, attaquent et prennent **la Bastille,** prison qui représente la toute puissance du roi.

● **4 août** : l'**abolition** (suppression) des privilèges est votée.

● **26 août** : la **Déclaration des droits de l'homme et du citoyen**, basée sur la liberté et l'égalité, est proclamée.

● 1792, vers la République

● En **avril 1792**, la France déclare la guerre à l'Autriche. La France est envahie.

● **Le 10 août**, les Parisiens estiment que le roi a trahi la France en complotant avec l'ennemi. Ils attaquent le palais de **Tuileries** où réside la famille royale. Louis XVI est emprisonné : c'est la fin de la monarchie.

● Le **20 septembre**, l'armée révolutionnaire française arrête à **Valmy**, en Champagne, une armée ennemie venue au secours du roi.

● Le **22 septembre** la **Iʳᵉ République** est proclamée. Une assemblée de députés, la **Convention**, dirige le pays à la place du roi.

● **Le 21 janvier 1793**, jugé et accusé de trahison, **Louis XVI est exécuté.**

Savoir faire

● Analyser une gravure

1. Observe la gravure.

● Les Parisiens sont armés de **piques**, de fusils et de **canons**, ils ont mis **le feu** à un bâtiment.

● Les défenseurs de la Bastille hissent un **drapeau blanc** pour arrêter les combats.

2. Conclus. Malgré le drapeau blanc, la Bastille symbole du **pouvoir du roi**, sera prise par les Parisiens.

La Prise de la Bastille.

Français

Maths

Histoire

Sciences et technologie

Anglais

Évaluations

Code informatique

Faire

1★ Complète ce texte.

Je m'évalue ☐☐☐

En 1789, trois ordres composent la société française : le ...., la ....
.... et le .... Les ordres qui ont des privilèges sont
.... et ....
Leur privilège est de ....
Les caisses de l'État sont vides. Pour faire voter de nouveaux impôts, Louis XVI réunit les ....
.... au mois de .... de l'année ....

2★★ Interprète le document ci-contre.

Je m'évalue ☐☐☐

Le temps present vaut que chacun suporte le grand fardeau l'Ôté

a. Qui sont ces trois personnages ?
....
....

b. Que font-ils ?
....
....

c. D'après toi, que signifie ce document ? ....
....
....

3★★★ Relie chaque événement à la date qui lui correspond.

Je m'évalue ☐☐☐

5 mai 1789 ●   ● Prise de la bastille

4 août 1789 ●   ● Déclaration des droits de l'homme

14 juillet 1789 ●   ● Abolition des privilèges

26 août 1789 ●   ● Ouvertures des états généraux

4★★★ Réponds à ces questions.

Je m'évalue ☐☐☐

a. Indique, de 1 à 5, l'ordre dans lequel se sont déroulés les événements suivants.
.... Ire République   .... Déclaration de guerre à l'Autriche
.... Prise des Tuileries   .... Exécution de Louis XVI
.... Bataille de Valmy

b. Explique ce qui s'est passé le 10 août 1792. ....
....

c. Pourquoi Louis XVI a-t-il été jugé et exécuté ? ....
....

9 Bonaparte / Napoléon Ier

Savoir

● Bonaparte : le Consulat (1799–1804)

● Le **9 novembre 1799**, le jeune général Napoléon Bonaparte renverse le pouvoir avec l'appui de l'armée : c'est le **coup d'État du 18 brumaire**.

Bonaparte met en place un régime autoritaire, le **Consulat**. Il nomme des **préfets** à la tête des départements et fait rédiger le **Code civil**, un ensemble de lois qui règlent la vie des citoyens (mars 1804). Il crée la **Banque de France**, le **franc**, la **Légion d'honneur** (pour récompenser les Français méritants) et le **baccalauréat**. Il fonde les **lycées**, les **universités** et l'**école polytechnique**.

● Le **2 décembre 1804**, Napoléon Bonaparte devient **empereur** sous le nom de **Napoléon Ier** : c'est le premier Empire.

● Napoléon Ier : le premier Empire (1804–1814)

● Napoléon Ier détient tous les pouvoirs. Les **libertés** sont supprimées et la **police** est toute puissante. Il poursuit les **guerres révolutionnaires** et devient maître de presque toute l'Europe. Le **2 décembre 1805**, il remporte la victoire d'**Austerlitz**. Mais l'Angleterre lui résiste. Pour la vaincre, il oblige les pays d'Europe à ne plus commercer avec elle : c'est le **blocus continental**.

● Viennent les défaites. Napoléon Ier est vaincu en **Russie** en 1812. Il abdique en 1814, puis revient un court moment au pouvoir en mars 1815 : ce sont les **Cent-Jours**. Battu à **Waterloo** le 18 juin 1815, il est exilé à l'île de Sainte-Hélène par les Anglais.

Savoir faire

● Étudier une carte historique

● **Constate l'étendue du territoire français.**
Le territoire français s'est considérablement étendu depuis 1789. Il compte désormais **130 départements**. Certains royaumes sont confiés à des **membres de la famille** de Napoléon Ier, comme le Royaume d'Espagne. La France exerce son influence dans d'autres pays : Saxe, Bavière…

● **Conclus.**
Napoléon Ier est maître de **presque toute l'Europe** à l'exception du Royaume-Uni de Grande-Bretagne.

L'Europe en 1811

- - - - - Frontières de la France en 1789

Zone d'influence française

Les 130 départements français

Pays non soumis à Napoléon Ier

Royaumes de la famille de Napoléon Ier

Faire

Maths

Histoire

Sciences et technologie

Anglais

Évaluations

Code informatique

Je m'évalue ☐☐☐

1★
Coche, parmi ces propositions, les créations du Consulat.

❏ les lycées ❏ l'École polytechnique
❏ l'état civil ❏ les universités
❏ le baccalauréat ❏ le Code civil
❏ le franc
❏ les villes nouvelles
❏ la Banque de France
❏ la Légion d'honneur
❏ l'école de formation des maîtres
❏ les préfets

Je m'évalue ☐☐☐

2★
Indique de quelle création de Bonaparte il s'agit. (Aide-toi d'une encyclopédie.)

On y étudie jusqu'au baccalauréat : ....
....

Elle récompense les Français méritants : ....
....

Recueil des lois qui permettent de gouverner une nation : ....

Elle met en circulation les billets que nous utilisons pour payer : ....
....

Il dirige un département : ....
....

Je m'évalue ☐☐☐

3★★
Réponds à ces questions.

a. Contre qui fut dirigé le blocus continental ?
....

b. Pourquoi ?
....

c. En quoi consistait-il ?
....
....

Je m'évalue ☐☐☐

4★★
Observe la carte du *Savoir faire*.

a. Cite deux pays d'Europe de l'Ouest qui ne font pas partie de l'Empire napoléonien en 1811.
....

b. Quels pays étaient gouvernés par un membre de la famille impériale ?
....
....
....

Je m'évalue ☐☐☐

5★★
Réponds à ces questions.

a. Comment a-t-on appelé la période pendant laquelle Napoléon Ier a repris le pouvoir en mars 1815 ?
....

b. Qui a exilé Napoléon Ier après la bataille de Waterloo ?
....

Je m'évalue ☐☐☐

6★★★
À l'aide d'un livre d'histoire ou d'Internet, retrouve l'année où eut lieu chacune de ces batailles de Napoléon. Indique V (victoire) ou D (défaite).

Batailles	Année	V ou D	Batailles	Année	V ou D
Austerlitz	....	....	Ulm	....	....
Iéna	....	....	Leipzig	....	....
Waterloo	....	....	Friedland	....	....
Marengo	....	....	Wagram	....	....
Moskowa	....	....	Trafalgar	....	....

10 Le territoire français

OBJECTIF • Différencier les grands types de paysages français et les principales zones de climats

Savoir

La France peut être inscrite dans un **hexagone** (figure à 6 côtés). Elle est baignée par **trois mers** (mer du Nord, Manche, mer Méditerranée) et **un océan** (océan Atlantique). Elle est largement ouverte vers l'Europe du Nord, de l'Est et du Sud.

● Bassins, plaines et vallées

La France comprend en grande partie des bassins, des plaines et des vallées : **Bassin parisien** arrosé par la Seine ; vallée de la **Loire** ; **Bassin aquitain** au Sud-Ouest où coule la Garonne ; vallée du **Rhône** entre le Massif central et les Alpes. À l'Est, la plaine d'**Alsace** limitée par le Rhin, et, au Nord, la plaine de **Flandre** constituent des voies de communication importantes avec les pays voisins.

● Les zones montagneuses

● La partie montagneuse est principalement constituée par les **montagnes jeunes** : Alpes, Jura et Pyrénées. Les autres massifs montagneux sont **anciens et usés** : Massif central, Vosges, Massif armoricain, Ardennes.

● Le **mont Blanc**, dans les Alpes, est le plus haut sommet français. Il culmine à 4 809 m.

Savoir faire

● Localiser les zones de climats en France

1. Observe les températures indiquées sur la carte :
● la **zone océanique** (type Brest) a des hivers doux et des étés tièdes ;
● la **zone continentale** (type Strasbourg) a des hivers froids et des étés chauds ;
● la **zone méditerranéenne** (type Nice) a des hivers très doux et des étés très chauds ;
● le **climat montagnard** (type mont Aigoual) est très froid en hiver et tiède en été.

2. Conclus.
Dans l'ensemble, la France est un pays au **climat tempéré** (ni trop chaud, ni trop froid).

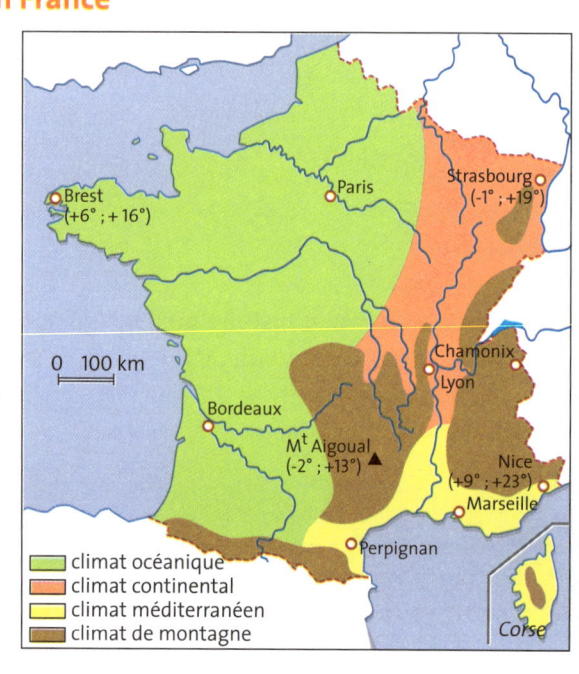

Brest (+6° ; +16°) — Paris — Strasbourg (-1° ; +19°) — Chamonix — Lyon — Bordeaux — Mt Aigoual (-2° ; +13°) — Nice (+9° ; +23°) — Marseille — Perpignan — Corse

0   100 km

climat océanique
climat continental
climat méditerranéen
climat de montagne

Français

Maths

Géographie

Sciences et technologie

Anglais

Évaluations

Code informatique

1 ★
En t'aidant du modèle, trace le contour de la France.
Reporte les distances.

Je m'évalue
☐ ☐ ☐

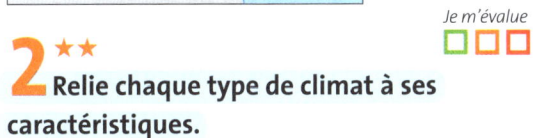

2 ★★
Relie chaque type de climat à ses caractéristiques.

Je m'évalue
☐ ☐ ☐

climat •   • hivers froids
océanique   étés chauds

climat •   • hivers très froids
continental   étés tièdes

climat •   • hivers doux
méditerranéen   étés tièdes

climat de •   • hivers très doux
montagne   étés très chauds

3 ★★
Indique, pour chaque ville, le type de climat.

Je m'évalue
☐ ☐ ☐

Paris : ....

Lyon : ....

Bordeaux : ....

Chamonix : ....

Perpignan : ....

Marseille : ....

4 ★★★

Je m'évalue
☐ ☐ ☐

a. Place sur la carte les numéros et les lettres comme il convient.

1 Bassin parisien   2 Plaine d'Alsace

3 Vallée du Rhône   4 Bassin aquitain

5 Plaine de Flandre   6 Plaine du Languedoc

Ⓐ Massif central   Ⓑ Vosges

Ⓒ Alpes   Ⓓ Ardennes

Ⓔ Massif armoricain   Ⓕ Jura

Ⓖ Massif corse   Ⓗ Pyrénées

b. **Dans la liste ci-dessus, souligne en bleu les montagnes anciennes et en rouge les montagnes jeunes.**

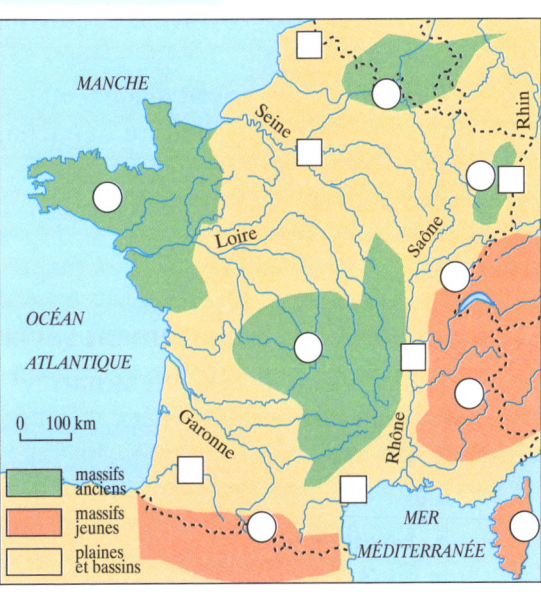

11 Régions et départements

Savoir

● Les régions

La France compte 18 régions (13 en France métropolitaine et 5 en France d'outre-mer : la Guadeloupe, la Martinique, la Guyane, la Réunion, Mayotte).

La plupart de ces régions correspondent à des **régions naturelles** (Bretagne, Normandie, …), d'autres ont été créées par **souci administratif**. Le **préfet de région** (sous l'autorité du Premier ministre) et le **conseil régional** (élu au suffrage universel) administrent la région depuis la capitale de région.

● Les départements

La France est découpée en 101 départements (96 en France métropolitaine et 5 en outre-mer : Guadeloupe, Mayotte, Martinique, Guyane, Réunion).

Ces départements portent des noms de **rivières** (Ain, Oise, Orne,…), de **montagnes** (Hautes-Pyrénées, Hautes-Alpes…), de **position** géographique (Nord…), de **province d'origine** (Savoie, Vendée…), d'une **mer** (Manche).

Le **préfet** et le **conseil départemental** administrent le département depuis une ville appelée chef-lieu du département.

Savoir faire

● Repérer un département sur la carte de France

1. **Cherche** à quel élément naturel te fait penser le nom du département.
Le nom « Hautes-Pyrénées » fait penser à la montagne « Pyrénées ».

2. **Repère** sur la carte « les Pyrénées ».
Cette chaîne se trouve dans le Sud, à la frontière espagnole.

3. **Localise** le département. Il est en contact avec les Pyrénées-Atlantiques, le Gers et la Haute-Garonne.

1 ★ Je m'évalue ☐ ☐ ☐

Complète par les mots qui conviennent.

La région est administrée par le .... (sous l'autorité du Premier ministre) et le .... (élu au suffrage universel). Les principaux services publics se trouvent dans la .... de la région. Le département est administré par le .... et le ....

2 ★★ Je m'évalue ☐ ☐ ☐

Colorie, sur la carte du *Savoir* les départements suivants. Utilise des couleurs variées.

Loire-Atlantique (44) ; Corse-du-Sud (2 A) ; Gard (30) ; Jura (39) ; Landes (40) : Vosges (88) ; Nord (59) ; Bouches-du-Rhône (13) ; Essonne (91) ; Ain (1) ; Finistère (29) ; Yonne (89) ; Isère (38) ; Territoire-de-Belfort (90).

3 ★★★ Je m'évalue ☐ ☐ ☐

Écris les noms provisoires des 13 nouvelles régions métropolitaines sur la carte muette de l'exercice 4. Colorie-les à ton idée.

Aquitaine – Limousin – Poitou-Charentes
Bretagne
Nord-Pas-de-Calais – Picardie
Normandie
Provence-Alpes-Côte d'Azur
Alsace – Champagne-Ardenne – Lorraine
Île-de-France

Centre – Val de Loire
Pays de la Loire
Auvergne – Rhône-Alpes
Bourgogne – Franche-Comté
Corse
Languedoc-Roussillon – Midi-Pyrénées

4 ★★★ Je m'évalue ☐ ☐ ☐

Indique les départements qui composent chacune des nouvelles régions ci-dessous.

Île-de-France : ....
....
....

Languedoc-Roussillon – Midi-Pyrénées : ....
....
....

Aquitaine – Limousin – Poitou-Charentes : ......
....
....

Nord-Pas-de-Calais – Picardie : ....
....
....

Bourgogne – Franche-Comté : ....
....
....
....

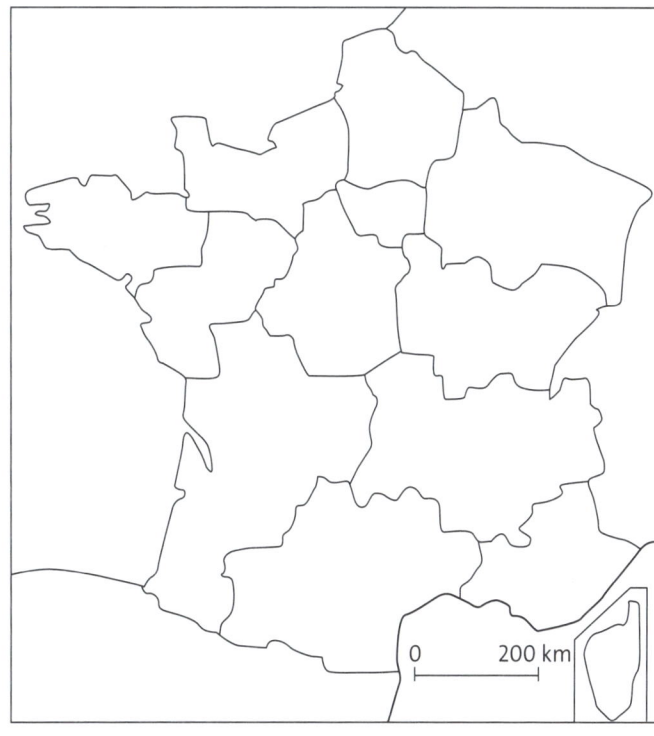

0   200 km

Français · Maths · **Géographie** · Sciences et technologie · Anglais · Évaluations · Code informatique

12 La place de la France en Europe

Savoir

● La France et l'Europe

● L'Europe est **le plus petit** des continents. Il est limité à l'Est par **les monts Oural** et la **mer Caspienne** et au Sud par la **mer Méditerranée**.

● La France est située **à l'Ouest** de l'Europe. Elle présente une façade maritime importante et de nombreuses frontières avec les autres États, ce qui facilite le trafic des personnes et des marchandises.

● Parmi les pays de l'Union européenne, la France vient en 1re position pour sa superficie (551 000 km²) et au 2e rang pour sa population (66 millions d'habitants).

● La France et l'Union européenne (UE)

● 28 pays d'Europe forment l'**Union européenne**, constituant ainsi une des premières puissances mondiales.

● La France joue un rôle moteur dans l'UE. C'est un pays à l'avant-garde des **technologies nouvelles** (TGV, centrales nucléaires, Airbus…). Elle occupe la première place pour la production de **blé**, de **maïs**, de **betterave à sucre**, de **viande**, la deuxième pour le **vin** et la troisième pour les **automobiles**.

Savoir faire

● Savoir localiser la France en Europe

1. Repère la France. Elle est située à l'extrémité Ouest de l'Europe.

2. Nomme les mers qui la baignent : mer du Nord, Manche, océan Atlantique, mer Méditerranée…

3. Cite les pays limitrophes : Belgique, Allemagne, Luxembourg, Suisse, Italie, Espagne…

4. Conclus. La France a une position géographique privilégiée en Europe.

Carte de l'Europe

Faire

Français

Maths

Géographie

Sciences et technologie

Anglais

Évaluations

Code informatique

1 *

Je m'évalue ☐ ☐ ☐

Écris dans les cadres les noms des États de l'Union européenne. Aide-toi d'un livre de géographie ou d'un atlas.

Allemagne, Autriche, Belgique, Bulgarie, Chypre, Croatie, Danemark, Espagne, Estonie, Finlande, France, Grèce, Hongrie, Irlande, Italie, Lettonie, Lituanie, Luxembourg, Malte, Pays-Bas, Pologne, Portugal, République tchèque, Roumanie, Royaume-Uni, Slovaquie, Slovénie, Suède.

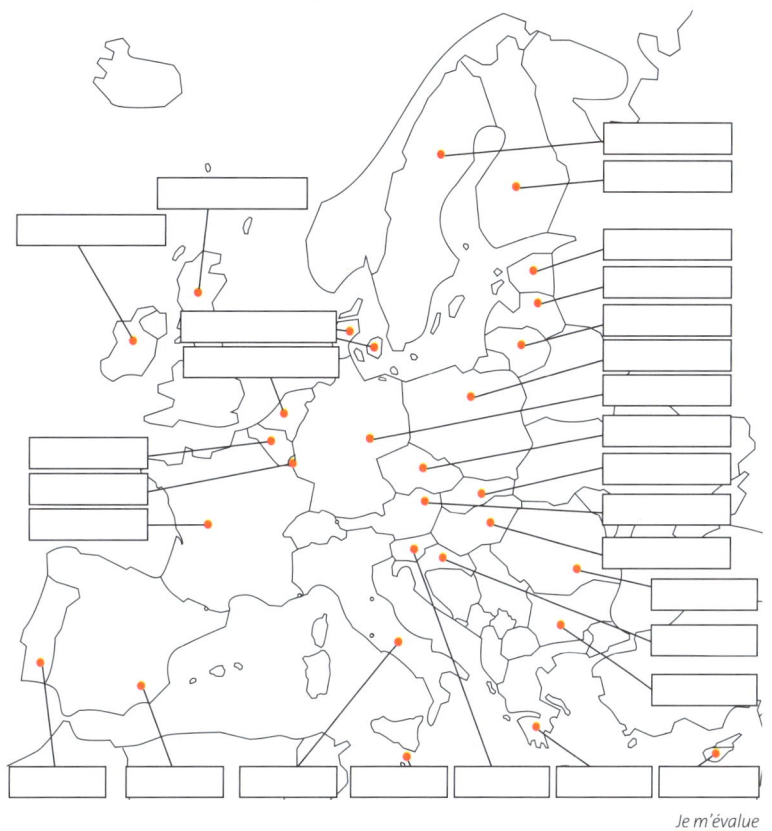

2 ★★

Je m'évalue ☐ ☐ ☐

a. Écris les noms des pays de l'Union européenne qui ont une frontière commune avec la France.

....

b. Cite cinq États de l'Europe qui ne font pas partie de l'UE.

....

3 ★★★

Je m'évalue ☐ ☐ ☐

Écris les noms des États qui correspondent à ces 28 capitales de l'Union européenne. Aide-toi d'un atlas ou d'un dictionnaire.

Amsterdam	....	La Valette	....	Riga	....
Athènes	....	Lisbonne	....	Rome	....
Berlin	....	Ljubljana	....	Sofia	....
Bratislava	....	Londres	....	Stockholm	....
Bruxelles	....	Luxembourg	....	Tallinn	....
Bucarest	....	Madrid	....	Varsovie	....
Budapest	....	Nicosie	....	Vienne	....
Copenhague	....	Paris	....	Vilnius	....
Dublin	....	Prague	....	Zagreb	....
Helsinki	....				

13 L'Europe : relief, fleuves, climats

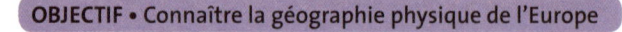

OBJECTIF • Connaître la géographie physique de l'Europe

Savoir

● Le relief

Du Nord au Sud, on trouve :

● des **massifs montagneux anciens et peu élevés** (Alpes scandinaves, monts d'Ecosse) ;

● une longue et vaste **plaine** qui part de la France (Bassin aquitain, Bassin parisien) et qui va, en s'élargissant, jusqu'aux monts Oural ;

● une **chaîne de montagnes jeunes et élévés** qui sépare cette plaine de la mer Méditerranée : Pyrénées, Alpes (mont Blanc 4 809 m), Carpates…

● Les fleuves

● Les fleuves de l'**Ouest** et du **centre** (le **Rhin**, l'**Elbe**, le **Danube**) ont un régime assez régulier et sont en grande partie navigables.

● Les fleuves **méditerranéens** (le **Pô**, l'**Èbre**) ont un régime irrégulier.

● Les fleuves de **Russie** (la **Volga**, le **Dniepr**) gèlent en partie en hiver.

● Le climat

● Le climat européen est variable. Il est **océanique** à l'Ouest (hiver doux, été frais), **continental** à l'Est (été chaud, hiver rigoureux), **méditerranéen** au Sud (hiver doux, été chaud).

● L'Europe, à mi-distance entre le pôle Nord et l'équateur, est située dans une **zone tempérée** (ni trop chaude, ni trop froide).

Savoir faire

● Situer les éléments du relief de l'Europe

1. Repère les massifs montagneux. Ils sont dans l'ensemble situés au Sud.

2. Observe la grande plaine européenne qui part de la France (Bassin aquitain) et qui va en s'élargissant vers l'Est.

3. Localise les fleuves européens. Ils sont de longueur inégale. Les plus longs sont la **Volga** (3 690 km) et le **Danube** (2 850 km).

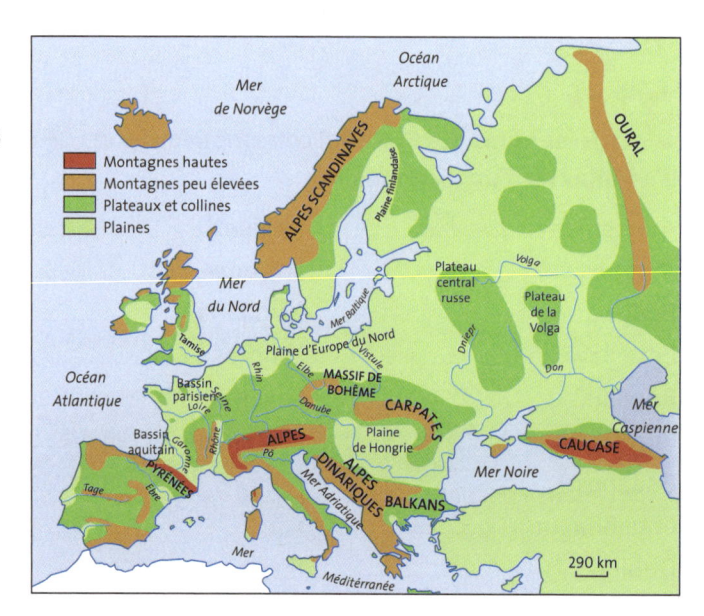

Français

Maths

Géographie

Sciences et technologie

Anglais

Évaluations

Code informatique

Faire

Je m'évalue ☐ ☐ ☐

1 *
a. **Voici des températures relevées dans trois villes d'Europe : Moscou (Russie), Dublin (Irlande) et Athènes (Grèce). Complète le tableau.**

hiver	été	type de climat	nom de la ville
+ 5°	+ 15°		
− 7°	+ 24°		
+ 9°	+ 27°		

b. Coche la réponses exacte.

En raison de sa position sur la Terre, on peut dire que le climat de l'Europe est un climat :

❏ froid   ❏ tempéré   ❏ chaud

Je m'évalue ☐ ☐ ☐

2 **
Observe la carte puis écris le numéro qui correspond à chaque élément de l'Europe.

☐ Alpes   ☐ Mer du Nord

☐ Carpates   ☐ Océan Atlantique

☐ Caucase   ☐ Mer Méditerranée

☐ Oural   ☐ Mer Noire

☐ Alpes scandinaves   ☐ Volga

☐ Plaine d'Europe   ☐ Rhin
   du Nord   ☐ Danube

☐ Plateau de la Volga

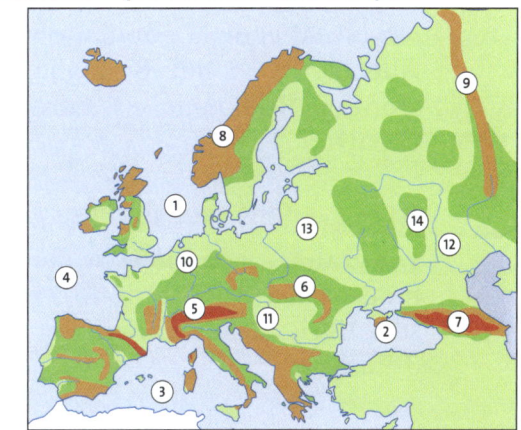

Je m'évalue ☐ ☐ ☐

3 ***
Observe bien cette carte du Rhin puis cache-la et réponds aux questions.

a. Complète.

Le Rhin prend sa source en .... au mont .... Il a une longueur de .... km. Il se jette dans la .... Ses affluents de droite sont le .... et la .... ; celui de gauche la ....

b. Indique les noms des quatre pays traversés ou bordés par le Rhin.

....

c. Mets dans l'ordre de 1 à 5 ces villes traversées par le Rhin.
   Cologne – Rotterdam – Bâle – Mayence – Duisbourg

....

14 La population et les lieux de vie en France et en Europe

Savoir

● La population française

- La France compte actuellement **66 millions d'habitants**, nombre qui croît chaque année.
- La population se concentre autour des **grandes villes** (Paris, Marseille, Lyon, Toulouse, Nice…), dans les **régions touristiques** (Côte d'Azur, Pays basque…), dans les régions industrielles (Nord, Lorraine…), et dans les **grands ports** (Le Havre, Nantes, Bordeaux, Marseille).

● La population en Europe

- En raison d'un phénomène d'immigration, la population de l'Europe ne cesse d'augmenter.
- L'essentiel de la population se regroupe en **Europe de l'Ouest** (France, Allemagne, Grande-Bretagne, Pays-Bas,…), **Europe centrale** (Pologne, Hongrie, Roumanie,…), **Europe méditerranéenne** (Italie, Portugal, Espagne…) .

● Les grandes métropoles

Les grandes **métropoles** se concentrent essentiellement dans les régions industrielles de Grande-Bretagne et d'Allemagne. Les grandes capitales sont **Paris**, **Londres**, **Berlin** et **Moscou**. **Istanbul** est une grande ville turque d'Europe.

Savoir faire

● Lire et interpréter des graphiques

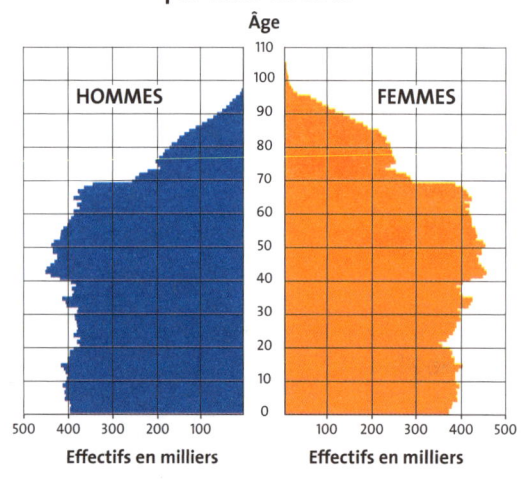

La répartition de la population française par sexe en 2015

Âge — HOMMES — FEMMES — Effectifs en milliers

1. Observe :
- Les **âges** sont indiqués en colonne au milieu du graphique.
- Le nombre d'**hommes** se lit vers la gauche, celui des **femmes** vers la droite.

Le nombre d'hommes de 50 ans est supérieur à 400 000.

2. Constate :
- La population des deux sexes est la plus importante pour les gens de 40 à 50 ans.
- Elle diminue nettement après 70 ans.

Faire

Je m'évalue
☐ ☐ ☐

1 *

a. Combien la France compte-t-elle d'habitants actuellement ?

....

b. La population française augmente régulièrement. Elle a baissé à trois reprises : en 1870, de 1914 à 1918, de 1940 à 1944. Peux-tu expliquer pourquoi ?

....

Je m'évalue
☐ ☐ ☐

2 **

Réponds aux questions par VRAI ou FAUX à l'aide de la carte.

	VRAI	FAUX
A. La population est répartie d'une façon égale sur le territoire.		
B. Les zones les plus peuplées correspondent souvent aux grandes villes.		
C. Le centre de la France est une région très peuplée.		
D. Les côtes sont en général assez peuplées.		
E. En général, les vallées des grands fleuves sont peuplées.		
F. En Corse, la densité de population est faible.		
G. La population des zones montagneuses est à forte densité.		

RÉPARTITION DE LA POPULATION
DENSITÉ
(NOMBRE D'HABITANTS PAR KM²)

0 À 30   30 À 100   100 ET PLUS

■ ● AGGLOMÉRATION URBAINE

Je m'évalue
☐ ☐ ☐

3 ***

Réponds aux questions sur ton cahier à l'aide de la carte.

a. Nomme les villes d'Europe de plus de 5 millions d'habitants. Pour chaque ville*, indique le nom du pays correspondant.

b. Dans quel pays compte-t-on le plus de villes de 2,5 à 5 millions d'habitants ?

c. Cite trois États n'ayant aucune ville de plus d'1,5 million d'habitants.

_____
* Ville et banlieue : agglomération.

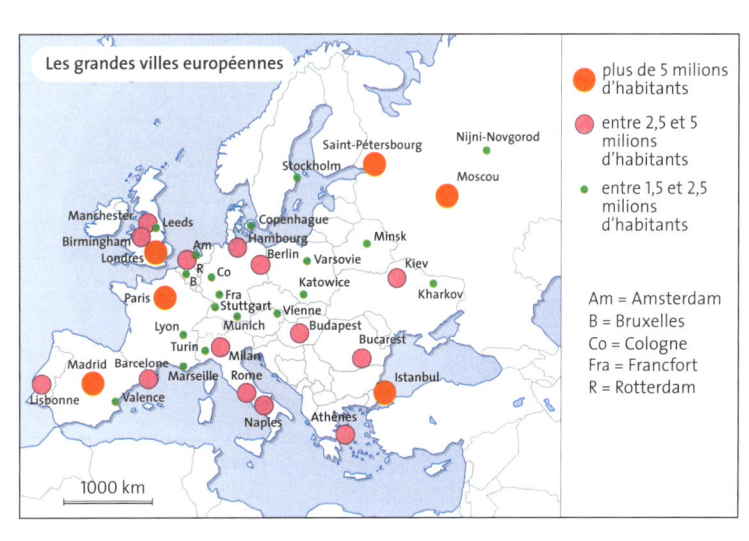

Les grandes villes européennes

● plus de 5 milions d'habitants

● entre 2,5 et 5 milions d'habitants

● entre 1,5 et 2,5 milions d'habitants

Am = Amsterdam
B = Bruxelles
Co = Cologne
Fra = Francfort
R = Rotterdam

15 Terre – Continents – Océans

Savoir

● Le globe terrestre

Représentation de la Terre

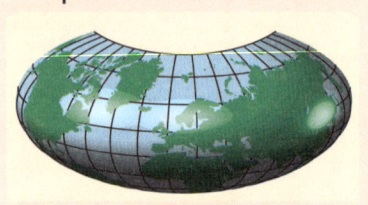

● Le globe terrestre est constitué de **terres émergées** (les continents) et d'**eau**. Les mers et les océans recouvrent près des trois quarts de la surface totale du globe.

● Lorsque l'on met la surface de la Terre à plat, on obtient un **planisphère**. L'**équateur** est une ligne imaginaire qui partage le globe terrestre en deux hémisphères : l'hémisphère Nord et l'hémisphère Sud.

● Les continents et les océans

● Les continents occupent environ le quart de la surface du globe. L'**Asie** est le plus vaste des continents. Elle se prolonge à l'ouest par l'**Europe**. L'**Amérique** est séparée de l'Europe par l'**océan Atlantique**. L'**Océanie** est un ensemble d'îles situées dans l'**océan Pacifique**. L'**Afrique** est séparée de l'**Océanie** par l'**océan Indien**. Au pôle Sud s'étend le continent **Antarctique**.

● L'**océan Arctique** s'étend dans la région du pôle Nord. Au pôle Sud, l'**océan Antarctique** entoure le continent Antarctique. Des mers, moins importantes que les océans, pénètrent à l'intérieur des terres : mer Méditerranée, mer Rouge, mer de Chine, mer du Nord…

Savoir faire

● Situer un pays sur le globe terrestre

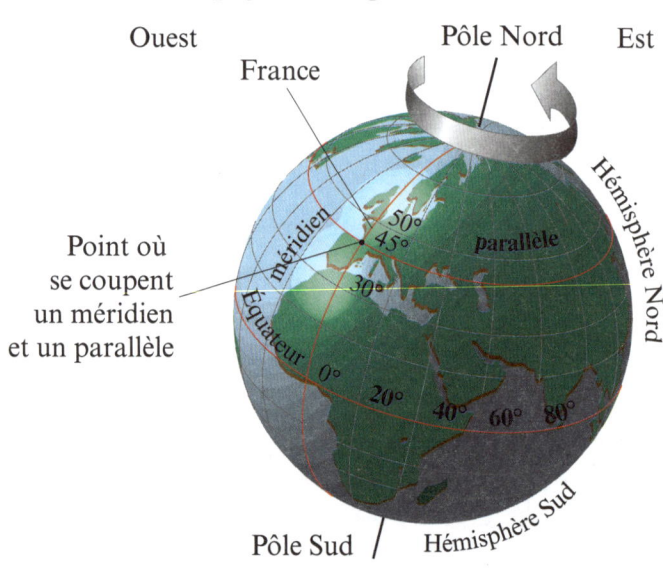

Ouest   Pôle Nord   Est

France

méridien   50°   45°   parallèle

Point où se coupent un méridien et un parallèle   30°

Équateur 0°   20°   40°   60°   80°

Hémisphère Nord

Pôle Sud   Hémisphère Sud

La position de la France
● **Repère** la France.
● **Observe** si elle se situe au nord ou au sud de l'**équateur**.
● **Précise** sa position :
– par rapport aux **méridiens** ;
– par rapport aux **parallèles**.
● **Conclus.**
La France se situe dans l'**hémisphère Nord**, au croisement du **méridien 0°** et du **parallèle 45°**. Elle est à mi-distance entre le pôle Nord et l'équateur.

Faire

Je m'évalue
☐ ☐ ☐

1*

Sur la carte, colorie en vert l'hémisphère Nord et en jaune l'hémisphère Sud.

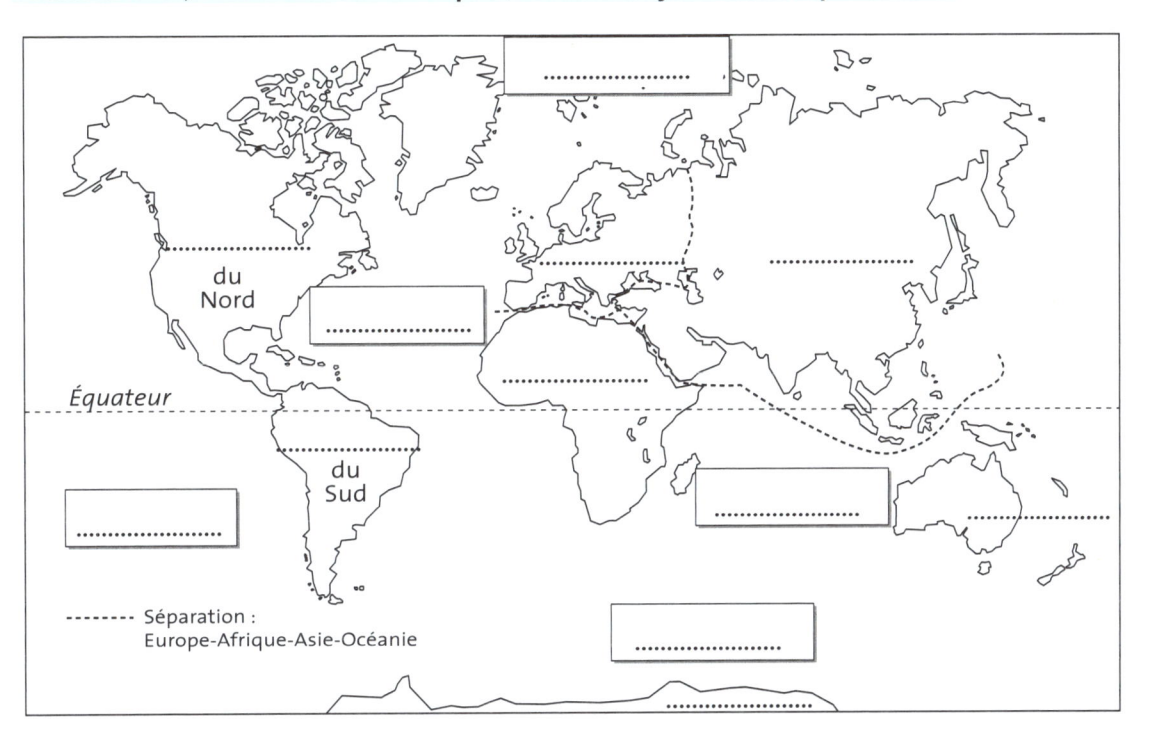

Je m'évalue
☐ ☐ ☐

2**

Complète la carte de l'exercice 1, en écrivant les noms des six continents et des cinq océans.

Je m'évalue
☐ ☐ ☐

3***

Dans le tableau ci-dessous, numérote les continents (de 1 à 6) et les océans (de 1 à 5) du plus étendu au moins étendu. Complète la colonne de droite en faisant les calculs nécessaires.

Les étendues sont données en millions de km².

Continents		Océans		Superficie
☐ Océanie	9	☐ Océan Pacifique	179	Terres émergées (continents) ....
☐ Amérique	42	☐ Océan Indien	76	
☐ Asie	44	☐ Océan Atlantique	92	
☐ Afrique	30	☐ Océan Arctique	14	Surface recouverte par les océans ....
☐ Europe	10	☐ Océan Antarctique	20	
☐ Antarctique	14			

16 Dans l'espace urbain, la zone industrialo-portuaire de Marseille

Savoir

● Le double rôle d'une zone industrialo-portuaire

● Une **zone industrialo-portuaire** est un espace situé au bord de la mer ou sur un fleuve. Elle comprend :
– **un port** pour recevoir des produits bruts (pétrole, gaz, minerais, …) ;
– **des industries** pour traiter ces produits **sur place** ;
– **des voies de communication** pour assurer si besoin le transport des produits.
● Le port doit permettre d'accueillir d'énormes bateaux comme les **pétroliers**, les **méthaniers** et les **porte-conteneurs**.

● Le trajet des marchandises

● Le **pétrole** arrive **brut**. Pour être utilisé, il doit être **raffiné**, c'est-à-dire transformé en sous-produits comme l'essence, le gazole et le mazout.
Les raffineries se trouvent le plus souvent dans les ports où arrive le pétrole.
Si elles sont éloignées, le pétrole y parvient en circulant dans des tuyaux souterrains : les **oléoducs**. Le pétrole raffiné est stocké dans de grands réservoirs avant d'être distribué par camion, par exemple dans les **stations-services**.
● Le **gaz** est stocké sur place ou à distance grâce au transport par **camion** ou **voie ferrée**. Ces deux moyens de transport sont utilisés également pour les **produits fabriqués** comme les automobiles par exemple.

● Risques et prévention

● Le stockage et le traitement de très grandes quantités de pétrole et de gaz présentent des **risques** d'incendie, d'explosion et de fuites. Des mesures de **prévention** sont prises pour protéger les populations et l'environnement.

Savoir faire

● Étudier une zone industrialo-portuaire

La zone industrialo-portuaire de Marseille-Fos

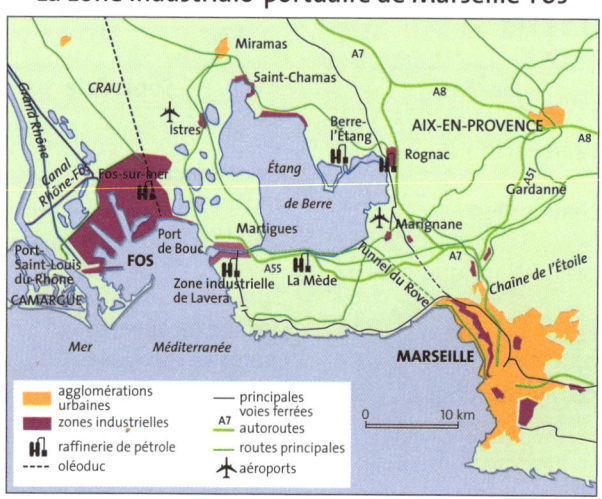

● **Observe** cet ensemble industriel.
Il comprend : le **port** de Marseille, les **grandes zones industrielles** de Fos et Lavéra, les **raffineries** de pétrole de Fos, Rognac, Lavéra, La Mède et Berre-l'Étang.

● **Comprends.**
Le transport des produits se fait par route, voie ferrée ou oléoduc, celui des personnes grâce aux aéroports.

Français

Maths

Géographie

Sciences et technologie

Anglais

Évaluations

Code informatique

Faire

Réponds aux questions 1 à 5 à l'aide du *Savoir faire*.

1 ★ *Je m'évalue* ☐☐☐
Combien y a-t-il de raffineries de pétrole ? Cite le nom de chacune d'elles.

....

....

....

2 ★ *Je m'évalue* ☐☐☐
Comment se fait, sur terre, le transport des marchandises ? Donne deux réponses.

....

....

3 ★★ *Je m'évalue* ☐☐☐
Réponds aux questions suivantes.

a. Qu'est-ce qu'un oléoduc ?

....

b. D'où part celui qui conduit le pétrole brut ?

....

....

4 ★★ *Je m'évalue* ☐☐☐
Nomme les deux aéroports et précise leur rôle.

....

....

....

5 ★★ *Je m'évalue* ☐☐☐
Qu'est-ce qui permet de raccourcir les distances pour le transport des produits entre le port de Marseille et l'étang de Berre ?

....

Réponds aux questions 6 et 7 à l'aide de la carte ci-dessous.

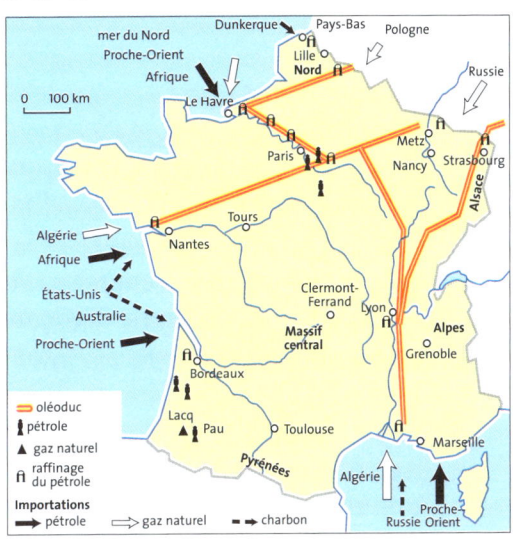

6 ★★★ *Je m'évalue* ☐☐☐
Indique d'où proviennent les matières premières achetées par la France.

a. pétrole : ....

....

b. gaz naturel : ....

....

c. charbon : ....

....

7 ★★★ *Je m'évalue* ☐☐☐
Quelles matières premières arrivent dans les zones industrialo-portuaires suivantes ?

Dunkerque : ....

Le Havre : ....

Nantes : ....

Bordeaux : ....

Marseille : ....

17 Les espaces touristiques

Savoir

● **L'activité touristique en France**

La France est un grand pays de tourisme aussi bien pour les Français que pour les étrangers : c'est le pays **le plus visité** au monde. La France doit cet attrait à la beauté et la variété de ses **paysages**, à la richesse de son **patrimoine culturel** (châteaux, cathédrales, musées…), à ses **parcs** : parcs naturels ou animaliers, à vocation scientifique ou conçus pour les loisirs.

● **Les destinations de vacances des Français**

Environ 6 Français sur 10 partent en vacances. L'**été**, la majorité d'entre eux fréquente le **bord de la mer**, sur les côtes de la Manche, de l'océan Atlantique ou de la mer Méditerranée. L'**hiver**, environ 8 % de la population privilégie la **montagne** pour le ski et autres sports de neige. Tout au long de l'année, beaucoup de Français se déplacent pour aller apprécier les **richesses culturelles** de notre pays.

Savoir faire

● **Découvrir une zone de tourisme**

● **Lis et observe la photo.**

Le Mont-Saint-Michel est un **îlot rocheux** situé en Normandie au fond d'une baie. Il est entouré d'eau à marée haute seulement. Une **digue** servant de route le reliait à la côte.

Cependant, la digue faisant barrage à la marée, la baie **s'ensablait**. Il a donc été décidé de la supprimer et de la remplacer par un **pont-passerelle** sous lequel passe l'eau, chassant ainsi le sable.

Le Mont-Saint-Michel

L'abbaye — Le village — Le pont-passerelle

Par sa beauté et son originalité, le Mont-Saint-Michel est devenu le 3e site **le plus visité** de France. Près de trois millions de personnes viennent l'admirer chaque année.

Français

Maths

Géographie

Sciences et technologie

Anglais

Évaluations

Code informatique

Faire

1★
Je m'évalue ☐☐☐

Entoure les bonnes réponses.

a. Le Mont-Saint-Michel est situé en Normandie. **Vrai Faux**

b. Il est toujours entouré d'eau. **Vrai Faux**

c. Il était relié à la côte par une digue-route. **Vrai Faux**

d. C'est le site de France le plus visité. **Vrai Faux**

e. Il accueille environ deux millions de visiteurs par an. **Vrai Faux**

2★★
Je m'évalue ☐☐☐

Réponds à ces questions.

a. Quel problème posait la digue qui permettait d'aller au Mont-Saint-Michel ?

....

....

b. Par quoi a-t-il été décidé de la remplacer ?

....

....

c. Quelle amélioration apporte ce changement ? ....

....

3★★
Je m'évalue ☐☐☐

Écris à côté de chacun de ces lieux, le numéro qui lui correspond sur la carte.

Aide-toi d'un plan de Paris.

- cité des sciences : ....
- musée du Louvre : ....
- arc de Triomphe : ....
- Bois de Vincennes : ....
- tour Montparnasse : ....
- centre Pompidou : ....
- basilique du Sacré-Cœur : ....
- Bois de Boulogne : ....
- tour Eiffel : ....
- Bibliothèque nationale de France : ....

4★★★
Je m'évalue ☐☐☐

Écris à côté de chacun de ces lieux le numéro qui lui correspond sur la carte.
Aide-toi d'Internet ou d'un guide touristique.

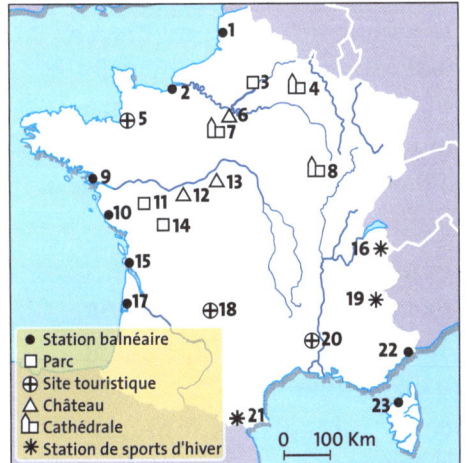

Châteaux : Chambord : .... Chenonceau : ....

Versailles : ....

Cathédrales : Chartres : .... Reims : .... Vézelay : ....

Sites : Grottes de Lascaux : .... Mont-Saint-Michel : ....

Pont du Gard : ....

Parcs : Astérix : .... Puy du Fou : .... Futuroscope : ....

Stations balnéaires : Arcachon : .... Calvi : ....

Deauville : .... La Baule : .... Les Sables-d'Olonne : ....

Le Touquet : .... Nice : .... Royan : ....

Stations de sports d'hiver : Chamonix : ....

Serre Chevalier : .... Font-Romeu : ....

18 La sécurité routière

Savoir

● Circuler à bicyclette

● Lorsque l'on circule à bicyclette, il faut savoir que :
– les autres véhicules représentent un **danger pour soi-même**,
– un cycliste est un **danger pour les autres usagers** de la route. Circuler à bicyclette oblige à **respecter la réglementation** de la circulation, en particulier les **interdictions** du code de la route.

● Comme toute personne utilisant un véhicule, un cycliste doit rester **maître de sa bicyclette** et **évaluer les risques** dus à l'état de la route (gravillons, trous…) ou aux conditions météorologiques (pluie, vent, neige…).

● Respecter les feux tricolores

● La couleur **rouge** indique une interdiction de passer.
● La couleur **verte** indique qu'il est possible de passer.
● La couleur **orange** indique qu'il faut s'arrêter.
● Lorsque le feu est **rouge** pour les véhicules et les cyclistes, il est **vert** pour les piétons.
● Lorsque le feu est **vert** ou **orange** pour les véhicules et les cyclistes, il est **rouge** pour les piétons.

Savoir faire

● Reconnaître les principaux panneaux routiers

1. Observe le panneau 1. C'est un disque bordé d'un **cercle rouge**. Il interdit de tourner à droite.

2. Observe le panneau 2. C'est un **disque bleu** sur lequel est dessinée une bicyclette. Il signale une piste cyclable **obligatoire**.

3. Observe le panneau 3. Il est **triangulaire** et signale un **danger** (passage pour piétons).

4. Conclus.

● Les panneaux ronds avec un cercle rouge sont des panneaux d'**interdiction**.

● Les panneaux ronds à fond bleu sont des panneaux d'**obligation**.

● Les panneaux triangulaires sont des panneaux de **danger**.

Faire

1 ★
Dans chaque situation, colorie l'un des deux piétons comme il convient, puis indique ce que doivent faire le cycliste et le piéton.

Je m'évalue ☐ ☐ ☐

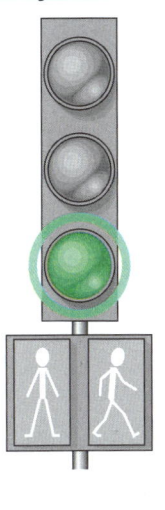

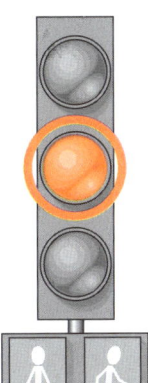

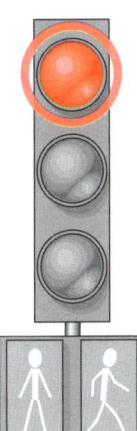

Le cycliste
....

Le piéton
....

Le cycliste
....

Le piéton
....

Le cycliste
....

Le piéton
....

2 ★★
Je m'évalue ☐ ☐ ☐
Relie chaque panneau à l'étiquette qui convient.

panneaux d'interdiction

panneaux d'obligation

panneaux de danger

3 ★★★
Je m'évalue ☐ ☐ ☐
Souligne les bonnes attitudes.

Piéton
a. Traverser une rue en courant.
b. Utiliser les passages pour piétons.
c. Jouer sur la route.
d. Regarder à gauche puis à droite avant de traverser.

Cycliste
e. Slalomer entre les voitures.
f. Rouler sur le côté droit de la route.
g. Tendre le bras pour tourner.
h. Vérifier le bon état de sa bicyclette.

19 La nation française

 **Savoir**

La France est une **nation**, c'est-à-dire un ensemble de personnes vivant sur un **même territoire**, ayant une **langue,** une **histoire**, une **culture** communes et vivant selon les mêmes **droits** et les mêmes **devoirs**.

● Le territoire français

Il s'est constitué progressivement depuis le partage de l'empire de Charlemagne (843). Les frontières ont changé durant des siècles, à la suite de **mariages** et de **guerres.**

● La langue française

Elle s'est constituée progressivement, essentiellement à partir du **latin**, la langue des Romains, car ils ont longtemps occupé la Gaule avant Clovis. Au fil du temps, elle a bénéficié de l'apport d'autres langues.

● La nationalité française

Appartenir à une nation, c'est avoir une **nationalité**. Les enfants nés d'un **parent français** ou d'un parent **né en France** ont droit à la nationalité française.

● La République française

Le pouvoir de diriger la France se transmettait de père en fils sous la royauté. Le renversement de la royauté par le peuple en 1789 a transformé la France en république. C'est le peuple qui vote et **qui choisit ses représentants**. Le président de la République est élu au suffrage universel.

 **Savoir faire**

● Constater l'évolution du territoire français depuis Hugues Capet

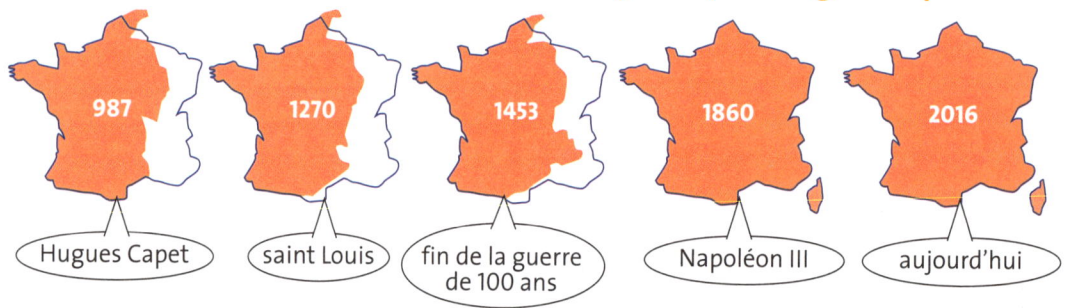

987 — Hugues Capet
1270 — saint Louis
1453 — fin de la guerre de 100 ans
1860 — Napoléon III
2016 — aujourd'hui

1. Constate. Depuis Hugues Capet (le premier roi de France), notre territoire n'a cessé de s'agrandir.

2. Remarque. En 1860, les frontières de la France étaient les mêmes que celles d'aujourd'hui.

3. Conclus. C'est dans la moitié Est que la France s'est agrandie.

Français

Maths

Enseignement moral et civique

Sciences et technologie

Anglais

Évaluations

Code informatique

Faire

1 ★
Relie les étiquettes comme il convient.

Je m'évalue

Dans une monarchie •

Dans une république •

• Le pouvoir de diriger le pays se transmet de père en fils.

• C'est un vote qui désigne la personne chargée de diriger le pays.

2 ★
Je m'évalue

Quelles ont été les principales causes des modifications des frontières de la France durant les siècles passés ?

....

3 ★★
Je m'évalue

Réponds par oui ou non aux affirmations suivantes.

a. Un enfant né en France est obligatoirement de nationalité française.   **oui   non**
b. Un enfant né en France de parents français est de nationalité française.   **oui   non**
c. Un enfant né à l'étranger de parent(s) né(s) en France est français.   **oui   non**

4 ★★
Je m'évalue

Réponds aux questions suivantes.

Le français est la langue officielle de la France. Mais il existe encore des langues utilisées dans certaines régions françaises et que l'on peut apprendre à l'école.

a. Recherche-en une ou deux. ....

b. Recherche, en Europe, des pays où l'on parle le français. Cites-en deux.

....

5 ★★
Je m'évalue

À quelle époque le territoire français a-t-il les mêmes frontières qu'aujourd'hui ? Coche la case qui convient.

❏ saint Louis   ❏ Napoléon III   ❏ 1453   ❏ Hugues Capet

6 ★★★
Je m'évalue

Quelles sont les deux dernières régions françaises à être rattachées au territoire français sous Napoléon III ? Souligne les bonnes réponses.

La Savoie – la Bretagne – le Comté de Nice – la Normandie

20 La citoyenneté européenne

OBJECTIF • Comprendre la notion de citoyenneté européenne

Savoir

● Histoire de l'Union européenne

● En 1957, six États d'Europe ont eu l'idée de s'unir et de signer entre eux des accords commerciaux : ce fut la communauté économique européenne (CEE).

● Puis la CEE s'agrandit. Elle prit, en 1992, le nom d'**Union européenne (UE)**. Il fut alors décidé de créer une **citoyenneté européenne** afin de donner des **droits identiques** à tous les habitants des États membres.
Aujourd'hui, 28 États forment l'Union européenne.

● Ce qui caractérise la citoyenneté européenne

● La libre circulation

26 États européens (4 ne font pas partie de l'UE) ont supprimé tout contrôle à leurs frontières ce qui permet une **libre circulation** des personnes et des biens. C'est l'**espace Schengen**.

● La monnaie unique

19 États de l'Union européenne utilise la même monnaie : l'**euro.** Ceci facilite les échanges commerciaux et la circulation des personnes.

● Les droits

Tout citoyen de l'UE peut participer à des élections locales en **votant** ou même se présenter à ces élections pour se faire élire, quel que soit le pays de l'UE où il réside. Il peut **travailler** dans le pays de son choix. Il a droit à la **protection** (police, justice) de ce pays.

● Les aides

Les **étudiants** peuvent recevoir des aides financières pour étudier où ils le souhaitent.

Savoir faire

● Connaître deux symboles de l'Union européenne

Le drapeau européen

Il comporte 12 étoiles. Ce nombre représente la **perfection.** Le drapeau européen est présent à côté de chaque drapeau national.

Le symbole de l'euro

Il ressemble à un E arrondi avec deux barres qui le traversent. Ces barres représentent la **stabilité** de la monnaie.

Faire

Je m'évalue
□ □ □

1*

Voici les noms et les drapeaux des 6 premiers pays de l'Union européenne. Écris, sous chaque drapeau, le nom du pays qu'il représente.

Allemagne – Belgique – France – Italie – Luxembourg – Pays-Bas.

....

....

Je m'évalue
□ □ □

2**

Complète en indiquant les mots et nombres manquants.

L'Union européenne a été créée en .... Elle compte aujourd'hui .... États. Parmi ces États, ... ont adopté l'euro. L'espace Schengen est composé de .... pays. Il permet la libre .... des biens et des personnes. L'U E accorde certains .... comme celui de pouvoir voter dans un autre pays que le sien.

Je m'évalue
□ □ □

3***

Sur la carte ci-dessous figurent en bleu les pays appartenant à l'espace Schengen. En t'aidant de la liste des pays de l'Union européenne que tu trouveras sur Internet, indique :

a. Les noms des 6 pays de l'Union européenne qui ne font pas partie de l'espace Schengen.

....

....

....

....

....

b. Les noms des 4 pays qui font partie de l'espace Schengen mais qui ne sont pas dans l'UE.

....

....

....

....

21 L'art au Moyen Âge

Savoir

● L'architecture : les maisons de ville au Moyen Âge

● Les maisons des villes sont **hautes** de plusieurs étages. Leurs murs sont constitués de grosses poutres en bois (les **colombages**) et d'un mélange de terre et de paille (le **torchis**).

● Ces maisons sont construites en **encorbellement** c'est-à-dire que les étages supérieurs, plus grands, surplombent la rue.

● Au rez-de-chaussée, les ateliers et boutiques sont ouverts sur la rue : des **enseignes** permettent de les signaler.
La marchandise est disposée sur des **étals**.
La nuit, un **auvent** en bois permet de les fermer.

enseigne
torchis
colombage
encorbellement
auvent
étal
(tonneau)

● L'art des troubadours

Dans le sud de la France, au XIIe s., les **troubadours** (appelés **trouvères** dans le nord) inventent des **poèmes** destinés à être chantés, accompagnés par un **luth,** au cours des banquets ou fêtes organisés par des seigneurs. Ces poèmes célèbrent la **bravoure** des chevaliers (les **chansons de geste**) ou mettent à l'honneur la **conquête amoureuse** (l'**amour courtois**).

troubadour
luth
dames

Savoir faire

● Apprendre l'art de la calligraphie

À partir du XIIe s., les **moines** copient les textes en écriture **gothique** (lettres avec des traits épais ou fins et des angles). Certains **manuscrits** (textes écrits à la main) sont décorés de dessins miniatures faits à la plume et colorés de couleurs vives et de peinture dorée : les **enluminures**. Au Moyen Âge, on a pris aussi l'habitude d'agrandir la première lettre d'une page ou d'un paragraphe et de l'orner d'enluminures : on nomme cette lettre une **lettrine**.

lettrine et enluminure de la lettre D

lettres gothiques

Faire

1 ★

Écris les mots suivants au bon endroit.

encorbellement – colombage – torchis – enseigne – étal.

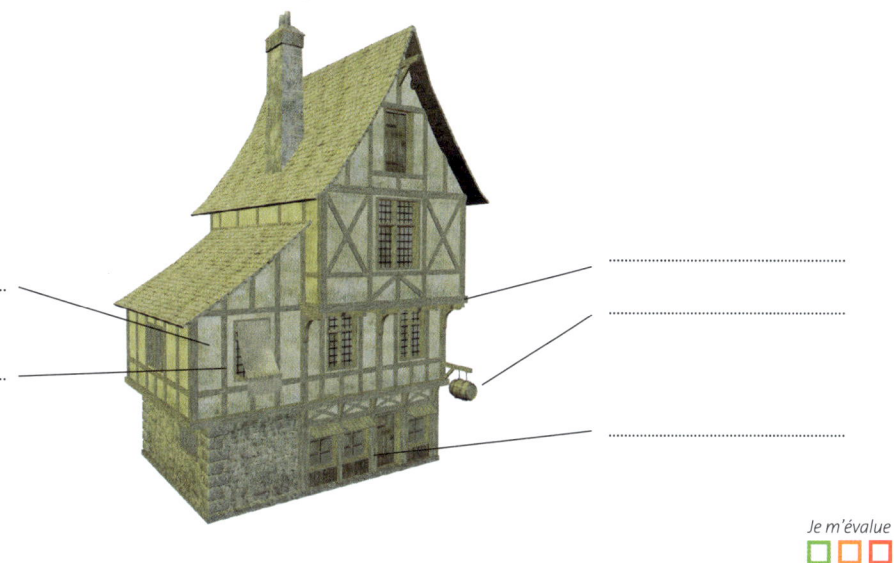

Je m'évalue ☐ ☐ ☐

....

....

....

....

....

2 ★★

Réponds aux questions suivantes.

Je m'évalue ☐ ☐ ☐

a. Comment se nomment les poètes chanteurs du Moyen Âge ? ....

b. Quel est le nom de l'instrument de musique qu'ils utilisent pour s'accompagner ? ....

c. Quels textes vantent l'héroïsme et le courage des chevaliers ? ....

3 ★★★

a. Complète le texte à trous en t'aidant des mots en gras du *Savoir faire*.

Je m'évalue ☐ ☐ ☐

Au Moyen Âge, les .... copient les textes à la main en écriture .... : les lettres sont formées de traits .... ou fins. Les .... sont ornés de dessins colorés appelés .... Souvent, la première lettre d'une page est plus grande que les autres et richement décorée : c'est la ....

b. Complète le dessin par les mots *lettrine* et *enluminure*.

....

....

22 Châteaux et théâtre aux XVIᵉ et XVIIᵉ siècles

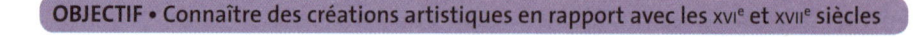

OBJECTIF • Connaître des créations artistiques en rapport avec les XVIᵉ et XVIIᵉ siècles

Savoir

● Les châteaux de plaisance

● Au Moyen Âge, les châteaux forts étaient un moyen de **défense**.

● À partir de la Renaissance, la façon de faire la guerre ayant changé, ils deviennent des châteaux de **plaisance**.

● Les murs sont percés de nombreuses **fenêtres** avec des balcons. Des **frontons** et des **colonnes** apparaissent pour décorer des façades.

● Les jardins à la française

Les jardins sont organisés de façon symétrique. Ils sont ornés de **bassins**, et de **statues**. Les buissons et arbustes sont taillés selon des **formes géométriques**. On y trouve des arbres exotiques (orangers, palmiers…).

Château de Villandry

fronton

ancien château fort

fenêtre

colonne

L'Orangerie du Château de Versailles

bassin

arbres exotiques

pelouses symétriques

Savoir faire

● Comprendre le théâtre classique

Molière est un auteur de **théâtre** qui vit à la cour du roi Louis XIV (XVIIᵉ s.). Il crée des **comédies** où l'on se **moque** des **défauts** des individus. (*L'Avare*, *Le Malade imaginaire*,…). Le théâtre **classique** obéit à des **règles précises** et s'inspire du **théâtre antique** (théâtre grec). De nombreux spectacles mêlent la **musique**, le **théâtre** et la **danse**.

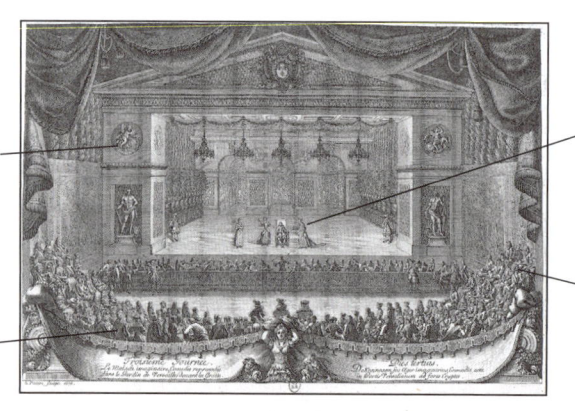

décor théâtral monté dans les jardins du château de Versailles

spectateurs

représentation d'une comédie de Molière : *Le Malade imaginaire* (1674)

orchestre qui joue des intermèdes (moments musicaux entre les scènes de théâtre)

Faire

Je m'évalue
☐ ☐ ☐

1★
Coche les bâtiments qui ont une architecture de style Renaissance.

☐ ☐ ☐ ☐

Je m'évalue
☐ ☐ ☐

2★★
Complète le texte à trous avec les mots suivants : *taillés – exotiques – symétriques – statues.*

À la Renaissance, de nombreux châteaux sont agrémentés de jardins aux formes ....
De chaque côté des allées, il y a des parterres de buissons .... et des bassins ornés de
.... On y cultive aussi des plantes .... (orangers, citronniers...).

Je m'évalue
☐ ☐ ☐

3★★
Coche les jardins à la française.

☐ ☐ ☐ ☐

Je m'évalue
☐ ☐ ☐

4★★★
a. Souligne le nom des pièces de Molière dans la liste suivante. Aide-toi d'Internet.

Le Médecin malgré lui – L'Avare – Le Cid – Dom Juan – Phèdre – Lorenzaccio – Les Fourberies de Scapin

b. Observe les illustrations suivantes. Écris le nom des pièces de Molière représentées.

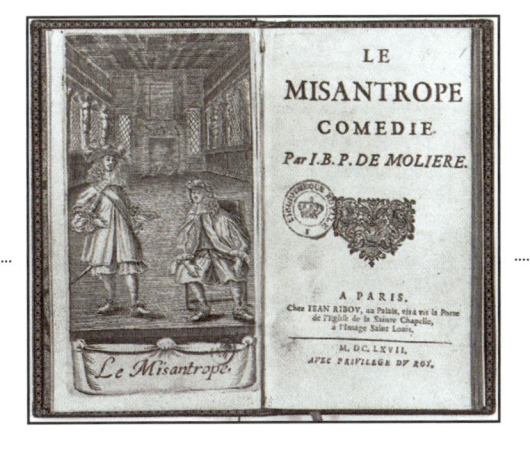

....

....

Sciences et technologie

Matières, mouvement, énergie, information

Le vivant, sa diversité et ses fonctions

Matériaux et objets techniques

La planète terre

+ • un **bilan** page 187

Sciences et technologie

1 Mélanges et solutions

OBJECTIF • Réaliser différents types de mélanges et solutions

Savoir

● Qu'est-ce qu'un mélange ?

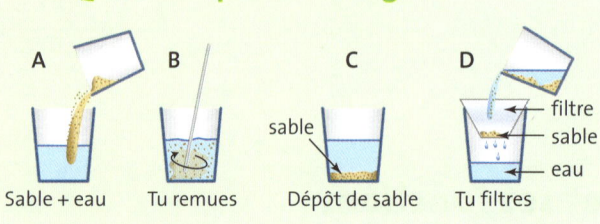

A — Sable + eau
B — Tu remues
C — sable / Dépôt de sable
D — filtre / sable / eau / Tu filtres

● Tu verses du sable dans de l'eau (A). En remuant, tu déplaces le sable (B). Si tu arrêtes, le sable se dépose au fond du verre (C) : tu as réalisé un **mélange**.

● Si tu veux séparer de nouveau l'eau et le sable, il suffit de verser l'ensemble dans un **filtre** : l'eau seule le traverse (D).

● Qu'est-ce qu'une solution ?

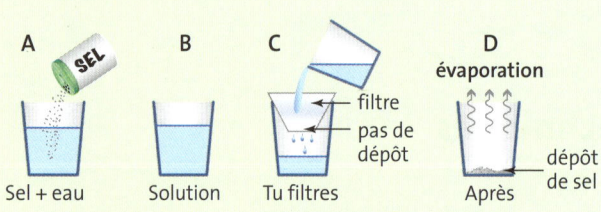

A — SEL / Sel + eau
B — Solution
C — filtre / pas de dépôt / Tu filtres
D — évaporation / dépôt de sel / Après

● Si tu verses du sel dans de l'eau (A) et que tu remues, le sel finit par disparaître (B). En réalité, il est toujours présent (l'eau est salée) mais est réduit en particules invisibles : tu as réalisé une **solution**. Le sel est **soluble** dans l'eau.

● Pour séparer l'eau et le sel, le filtre est inutile (C). Il faut laisser l'eau **s'évaporer** ; le sel se dépose alors au fond du récipient (D).

Savoir faire

● Réaliser d'autres types de solutions

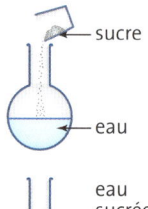

sucre
eau
eau sucrée (froide)
sucre
Solution saturée

● **Expérience 1**
Si tu verses du sucre en poudre dans de l'eau sans t'arrêter et que tu remues, il arrive un moment où le sucre ne se dissout plus dans l'eau. On dit que la solution est **saturée**.

● **Expérience 2**
Si tu chauffes cette solution saturée, le sucre disparaît. Tu peux encore ajouter une certaine quantité de sucre jusqu'à une nouvelle saturation.

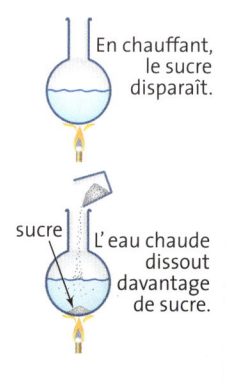

En chauffant, le sucre disparaît.

sucre — L'eau chaude dissout davantage de sucre.

● **Conclus**. Le sucre est **beaucoup plus soluble dans l'eau chaude** que dans l'eau froide.

Faire

1 ★
Je m'évalue ☐☐☐

Complète les phrases à l'aide des mots proposés.

un mélange – une solution – un filtre – l'évaporation

a. Quand une substance disparaît complètement dans l'eau, on a réalisé ....

b. Si on observe un dépôt au fond du verre, c'est ....

c. .... permet de séparer les deux composants d'une solution, et .... , les deux composants d'un mélange.

2 ★★
Je m'évalue ☐☐☐

Réalise les expériences suivantes.

1. Remplis deux verres d'eau.
2. Verse une cuillerée à soupe de sucre dans un verre et une cuillerée à soupe de **terre** dans l'autre.
3. Remue le contenu de chaque verre
4. Filtre-le à l'aide d'un filtre à café.

Note les résultats de tes expériences dans le tableau ci-dessous en entourant les réponses qui conviennent.

	Il y a un dépôt dans le filtre	On a réalisé
EAU + SUCRE	oui – non	une solution / un mélange
EAU + TERRE	oui – non	une solution / un mélange

3 ★★
Je m'évalue ☐☐☐

Réponds aux questions suivantes.

Les **marais salants** sont d'immenses bassins peu profonds que l'on remplit d'eau de mer.

a. Que récupère-t-on dans les marais salants, et de quelle façon ?

....

....

b. Que peux-tu en conclure à propos de l'eau de mer ? ....

....

4 ★★
Je m'évalue ☐☐☐

Réalise l'expérience suivante.

a. Dans un flacon transparent, verse un peu d'eau et d'huile de cuisine. Bouche le flacon et agite-le. **Note ce que tu observes.**

....

....

b. Laisse reposer le liquide une dizaine de minutes. **Que peux-tu en conclure ?**

....

....

5 ★★★
Je m'évalue ☐☐☐

Coche les affirmations exactes.

a. L'eau chaude peut dissoudre moins de sel que l'eau froide. ☐

b. Le sable n'est pas soluble dans l'eau. ☐

c. On dit qu'une solution est saturée lorsque le solide en poudre versé dans l'eau ne se dissout plus. ☐

d. Un filtre est utile pour séparer les éléments d'un mélange. ☐

e. La seule façon de séparer les deux éléments d'une solution est l'évaporation. ☐

6 ★★★
Je m'évalue ☐☐☐

Réalise l'expérience suivante.

Verse 3 cuillerées à soupe de **café soluble** dans deux tasses à café. L'une est remplie d'eau froide, l'autre d'eau chaude du robinet. Remue le contenu des deux tasses.

a. Que constates-tu ?

....

....

b. Que peux-tu en déduire ?

....

....

2 Les sources d'énergie

Savoir

● L'énergie – Les sources d'énergie

● L'**énergie** est une **force** qui permet, par exemple pour un sportif, de faire les efforts physiques indispensables à la pratique de son sport.

● L'**alimentation** est sa **source d'énergie**.

● Il faut également de l'énergie pour faire **fonctionner** appareils et machines, **chauffer** et **éclairer** une habitation. Cela nécessite l'utilisation de sources d'énergie comme le Soleil, l'eau, le vent, le pétrole, le charbon ou l'uranium. Par exemple, le **pétrole**, transformé en essence, fait fonctionner un **moteur** d'automobile.

Remarque L'électricité est une énergie fabriquée à partir de différentes sources d'énergie : l'eau (centrales hydrauliques), le vent (éolienne), l'uranium (centrales nucléaires)….

● La transformation de l'énergie

Il existe trois formes principales d'énergie : l'**électricité**, la **chaleur** (énergie thermique) et le **mouvement**. Une énergie peut passer d'une forme à une autre :
– un sèche-cheveux, qui fonctionne à l'**électricité**, produit de la **chaleur** ;
– le **mouvement** des pales d'une éolienne permet de fabriquer de l'**électricité**.

● La consommation d'énergie

● La **consommation** d'énergie est très élevée de nos jours. Or, les ressources situées dans le sous-sol (pétrole, charbon, uranium) sont **épuisables**.

● C'est pourquoi il faut développer la consommation de sources d'énergie **renouvelables** comme le vent et le Soleil et qui ont l'avantage, d'être **non polluantes**.

Savoir faire

● Comprendre le transport de l'électricité

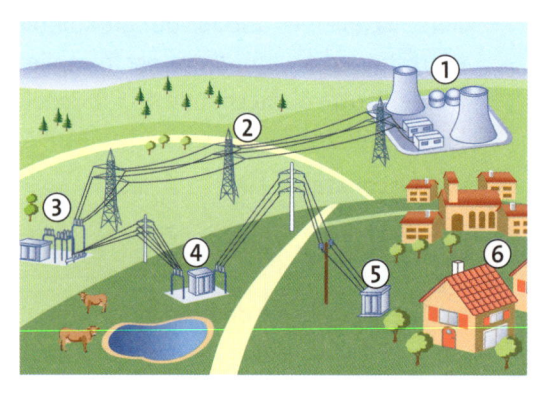

1. L'**électricité** est produite dans une **centrale** (usine).

2. Elle est transportée à très **haute tension** (force) par des **câbles** (fils).

3, 4, 5. On diminue progressivement la tension dans des **transformateurs**.

5 à 6. Les fils électriques passent **sous terre**.

6. L'électricité à **basse tension** est utilisée dans les **maisons**.

Français

Maths

Hist.-Géo – EMC
Histoire des arts

Sciences
et technologie

Anglais

Évaluations

Code
informatique

1 ★★
Je m'évalue ☐ ☐ ☐

Parmi les sources d'énergie représentées ci-dessous, entoure en rouge celles qui disparaîtront un jour et en vert celles qui sont renouvelables.

Le pétrole – Le gaz – L'énergie solaire – La force du vent – Le charbon – La force de l'eau

2 ★
Je m'évalue ☐ ☐ ☐

Cite trois sources d'énergie qui permettent de fabriquer de l'électricité.

....

3 ★★
Je m'évalue ☐ ☐ ☐

Complète la colonne de droite du tableau en écrivant les mots *mouvement ou chaleur*.

Énergie utilisée	Objets	Énergie produite
électricité	fer à repasser	....
mazout	chaudière	....
électricité	ventilateur	....
essence	moteur de voiture	....

4 ★★★
Je m'évalue ☐ ☐ ☐

Retrouve le nom qui correspond à chaque définition.

a. Nom d'une usine où l'on fabrique de l'électricité : ....

b. Autre nom pour désigner la force de l'électricité : ....

c. Installation qui permet de réduire la tension de l'électricité : ....

d. Ils permettent le transport de l'électricité : ....

5 ★★★
Je m'évalue ☐ ☐ ☐

Fais les recherches nécessaires pour répondre aux questions suivantes.

a. Cite trois sources d'énergie qui permettent de se chauffer à la maison :

....

b. Comment appelle-t-on le tuyau qui permet le transport du pétrole ? ....

le transport du gaz ?..

c. Que faut-il faire pour que, dans l'avenir, on ne manque pas d'énergie ?

....

....

3 Les animaux dans leur milieu

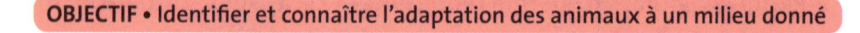

OBJECTIF • Identifier et connaître l'adaptation des animaux à un milieu donné

Savoir

• Le milieu de vie des animaux

Les animaux doivent s'adapter à un **milieu de vie**, c'est-à-dire un endroit (fleuve, bois, désert…) qui a des caractéristiques particulières comme le **climat** (ensoleillement, humidité, température…), ou la **nature du sol** (argileux, calcaire…). Les **plantes** sont adaptées, elles aussi, à chaque type de milieu de vie ainsi que les animaux qui se nourrissent des plantes. Par exemple, un manchot qui vit dans les régions froides, ne survivrait pas dans le désert.

• Les relations alimentaires

Pour vivre, les animaux ont également besoin de **nourriture**. Ils mangent des plantes ou d'autres animaux. Animaux et végétaux d'un même milieu ont ainsi entre eux des **relations alimentaires**. Ceci forme une **chaîne alimentaire** dont le premier maillon est toujours une plante.

• Le rôle de l'homme

L'homme **modifie** ou **détruit** l'équilibre des milieux naturels en construisant des bâtiments, des routes, en utilisant des **produits chimiques** (insecticides, désherbants, etc.) pour améliorer ses propres conditions de vie. Les animaux, qui vivaient alors dans un **milieu favorable** à leur développement, se retrouvent dans un **milieu hostile**. Ils voient leur espace vital rétrécir et doivent fuir pour survivre. Ils trouveront alors un nouveau milieu favorable. Le cas échéant, ils mourront et leur espèce disparaîtra.

Savoir faire

• Comprendre l'adaptation des animaux à leur milieu

1. Lis ce qui concerne les animaux ci-dessous :
– **la marmotte** fait des réserves de graisse en été puis, à l'entrée de l'hiver, elle diminue son rythme cardiaque et hiberne dans un abri ;
– **l'hirondelle** migre l'hiver dans des pays chauds pour trouver sa nourriture et revient en Europe au printemps pour se reproduire ;
– **le renard** mange des petits rongeurs en hiver, des fruits et des graines en été.
2. Conclus. Chaque animal s'adapte à sa façon au froid hivernal.

Une marmotte

Un renard

Une hirondelle

Français

Maths

Hist.-Géo – EMC
Histoire des arts

Sciences
et technologie

Anglais

Évaluations

Code
informatique

1 ★

Je m'évalue

Complète le texte à l'aide du *Savoir*.

Un milieu de vie favorable au développement des végétaux et des animaux dépend de la nature du .... et du

....

2 ★

Je m'évalue

Réponds à ces questions.

a. Numérote les chaînes alimentaires A et B de 1 à 3 en commençant par ce qui est mangé en premier.

A

un écureuil : ....

une buse : ....

un gland : ....

B

une feuille : ....

un rouge-gorge : ....

une chenille : ....

b. Que trouve-t-on toujours au début d'une chaîne alimentaire ? Entoure la bonne réponse.

un animal – une plante

3 ★★

Je m'évalue

Observe le tableau ci-dessous, puis réponds aux questions.

Températures relevées au même endroit, à différentes profondeurs.

	5 janvier	6 janvier	7 janvier
au niveau du sol	– 2 °C	1 °C	– 8 °C
à – 20 cm	6 °C	8 °C	7 °C
à – 50 cm	9 °C	9,5 °C	11 °C

a. Que montre ce tableau ? ....

....

b. À partir de tes observations, que peuvent être amenés à faire certains animaux en hiver ?

....

4 ★★

Je m'évalue

Lis le texte du *Savoir faire*, puis réponds aux questions.

a. Que mange principalement le renard :

en été ? ....

en hiver ? ....

b. Compare l'alimentation du renard en été et en hiver. Que constates-tu ? Explique pourquoi.

....

....

....

5 ★★★

Je m'évalue

Lis le texte, puis réponds aux questions.

Les abeilles prennent du pollen dans le cœur des fleurs. En le transportant, elles en déposent un peu dans des fleurs de la même espèce qui produisent alors des fruits, puis des graines. Malheureusement les hommes utilisent des produits chimiques pour améliorer leurs plantations : produits qui tuent les abeilles en grande quantité. Cela représente un véritable danger pour l'équilibre de la nature !

a. D'après le texte, pourquoi les abeilles meurent-elles en grande quantité ?

....

....

....

....

....

b. Explique quel déséquilibre cette importante mortalité provoque-t-elle dans la nature.

....

....

....

....

4 La vie d'une plante

 **Savoir**

La naissance d'une plante

- Lorsqu'une graine a fini de germer dans le sol, une petite **tige** sort du sol.
- Ensuite, les feuilles apparaissent.
- Les **cotylédons** qui servaient de réserve de nourriture **tombent**. La plante est née, elle peut vivre maintenant grâce à sa **racine** et ses **feuilles**.

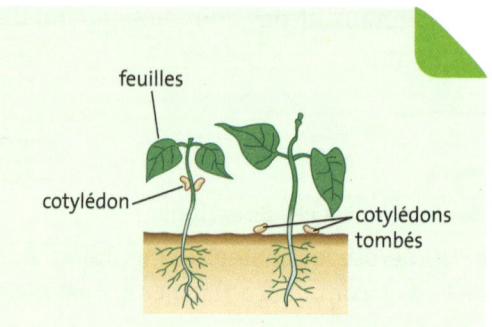

feuilles

cotylédon

cotylédons tombés

Les besoins d'une plante

Pour vivre, une plante a besoin d'eau, de nourriture, d'air, de lumière et de chaleur.

- Elle puise dans le sol l'**eau** et les **substances nutritives** grâce à ses racines : ces deux éléments se mêlent et forment la **sève** qui alimente toute la plante.
- Comme tout être vivant, une plante a besoin d'oxygène que l'on trouve dans l'**air**, pour respirer.
- Grâce à la **lumière** et à la **chlorophylle** (qui leur donne la couleur verte) qu'elles contiennent, les feuilles de la plante absorbent le **gaz carbonique**, gardent le carbone pour se développer et rejettent l'**oxygène**.
- C'est aux beaux jours, avec la **chaleur**, que la plante se développe ou reprend son développement. En **hiver**, elle vit au ralenti comme un animal qui hiberne.

 **Savoir faire**

Connaître les conditions d'une bonne germination

1. Remplis de sable 3 verres et un bocal. Enfonce 2 graines de haricot à environ 3 cm de profondeur.
Ferme le bocal avec un couvercle. Mets les récipients A, B et D dans la cuisine, le récipient C au réfrigérateur. Suis les consignes d'arrosage indiquées.

2. Observe. Après quelques jours, seules les graines du verre A ont levé. Il a manqué de l'eau aux graines du verre B, de la chaleur à celles du verre C, de l'air à celles du verre D.

3. Conclus. Pour que les graines germent correctement elles doivent recevoir de l'**eau**, de l'**air** et de la **chaleur**. Une fois sortie de terre, la plante aura besoin, en plus, de la lumière du Soleil.

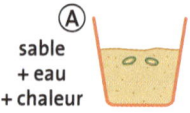

sable
+ eau
+ chaleur

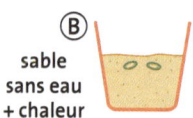

sable
sans eau
+ chaleur

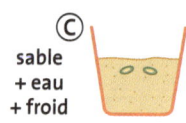

sable
+ eau
+ froid

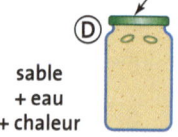

bocal fermé

sable
+ eau
+ chaleur

Faire

1 *
Je m'évalue ☐☐☐
Nomme les deux éléments qui forment la sève.

....

2 *
Je m'évalue ☐☐☐
Pourquoi les plantes prennent ou reprennent vie au printemps ?

....
....
....

3 *
Je m'évalue ☐☐☐
À quoi voit-on que la germination d'une graine est terminée ?
(Donne deux réponses.)

....
....
....
....

4 ★★
Je m'évalue ☐☐☐
Complète ce texte.

Grâce à la .... et à la .... de ses feuilles, la plante absorbe le ....
contenu dans l'air. Elle conserve le ....
pour se développer et rejette l'........................... .
Pour respirer, elle a besoin d'........................... .

5 ★★
Je m'évalue ☐☐☐
Réponds aux questions suivantes en faisant les recherches nécessaires.

a. Comment un cactus peut-il vivre dans des régions où il pleut très rarement ? ....
....

b. Quelle plante que l'on mange en salade pousse dans l'obscurité ? ....

c. Une plante peut-elle vivre en recevant uniquement de la lumière artificielle (et non celle du soleil) ?

....

6 ★★
Je m'évalue ☐☐☐
Écris les réponses qui conviennent.

a. Indique ce dont une graine a besoin pour que la germination se fasse correctement.

....

b. Où la graine trouve-t-elle les éléments nutritifs dont elle a besoin pour germer ?

....

c. Quelles sont les deux parties de la plante qui lui permettent de vivre ?

....

7 ★★★
Je m'évalue ☐☐☐
Indique par OUI ou NON si dans chaque situation les graines vont germer.
Si c'est NON, indique pourquoi.

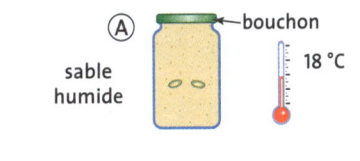

Ⓐ bouchon — sable humide — 18 °C

....

Ⓑ sable sec — 18 °C

....

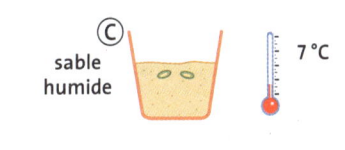

Ⓒ sable humide — 7 °C

....

Ⓓ sable humide — 18 °C

5 Les aliments

Savoir

● Les deux catégories d'aliments

Les **deux principales catégories** d'aliments que nous consommons sont :

● les aliments **bâtisseurs** pour la croissance, l'entretien et la réparation de notre corps (par exemple, pour la fracture d'un os) ;

● les aliments **énergétiques** pour assurer le fonctionnement de l'organisme : marcher, courir, travailler…

● Les nutriments

Les **nutriments** (ou éléments nutritifs) sont issus de la **transformation** des aliments lors de la **digestion** pour pouvoir passer dans le sang au niveau de l'intestin.

● Les **protides** (protéines) servent à **construire** et **entretenir** notre corps.

● Les **lipides** (graisses) et les **glucides** (sucres) nous donnent l'énergie dont nous avons besoin.

● Les **vitamines** et les **sels minéraux** assurent le **bon fonctionnement** de nos organes.

● Les **fibres** facilitent le **transit intestinal** (cheminement des substances inutilisées lors de la digestion).

Savoir faire

Lire un tableau de classification

Les aliments et les nutriments correspondants

Groupes	1	2	3	4	5	6
Aliments	viandes, œufs, poissons	lait et produits laitiers	légumes et fruits crus	légumes et fruits cuits	matières grasses, huile, beurre, margarine	pain, pâtes, céréales, légumes et fruits secs
Nutriments	protides, lipides	protides, lipides, sels minéraux	glucides, sels minéraux, fibres, vitamines	glucides, sels minéraux, fibres	lipides	protides, glucides, sels minéraux

1. Observe. Les aliments sont classés en 6 groupes. Tous les aliments d'un **même groupe** produisent les **mêmes nutriment**s.

Remarque ce tableau ne tient pas compte des boissons.

2. Comprends. Tous les nutriments de ces groupes nous étant nécessaires, il faut avoir une **alimentation équilibrée** comprenant des aliments des 6 groupes.

Faire

1★
Quelles sont les deux principales catégories d'aliments ? Explique, pour chacun d'eux, en quoi ils sont utiles à l'organisme.

Je m'évalue

....

....

2★★
Quels nutriments sont nécessaires :

Je m'évalue

a. à la croissance et l'entretien du corps ?

....

b. à la production de l'énergie nécessaire pour travailler ? ....

....

3★★
Quels nutriments sont contenus dans :

Je m'évalue

a. le pain ?...

b. le lait ?..

4★★
Dans quels groupes d'aliments trouve-t-on des aliments qui contiennent :

Je m'évalue

a. des protides ? ....

b. des lipides ? ....

c. des glucides ? ....

5★★★
Réponds aux questions suivantes :

Je m'évalue

a. Que se passe-t-il lorsque l'on fait cuire des tomates ? Reporte-toi aux colonnes 3 et 4 du tableau du *Savoir faire.* ....

....

b. Un coureur de marathon a-t-il raison de manger beaucoup de pâtes avant de participer à l'épreuve ? Explique. ....

....

c. Le menu suivant est-il équilibré ? Pourquoi ? S'il ne l'est pas, indique ce qu'il faudrait modifier pour qu'il le soit.

Œuf dur mayonnaise, poulet et spaghettis, fromage, flan, pain.

....

....

....

....

Maths

Hist.-Géo – EMC
Histoire des arts

Sciences
et technologie

Anglais

Évaluations

Code
informatique

6 Montages électriques

Savoir

● La pile

C'est une source de courant, un **générateur** électrique.
Elle comporte deux **bornes** (+ et −).

● Les fils électriques

Ce sont les **conducteurs** du courant. Ils sont le plus souvent
formés d'un fil de cuivre gainé dans du plastique **isolant**.

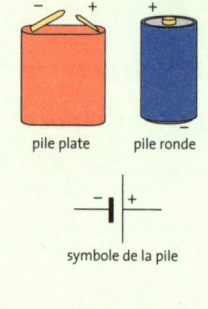

pile plate   pile ronde

Remarque les métaux et l'eau sont **conducteurs** d'électricité. Le bois,
le liège, le plastique et le verre sont **isolants**.

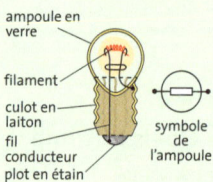

symbole de la pile

● L'ampoule

Elle est constituée d'un **filament** métallique enfermé
dans une ampoule de verre. Ce filament s'échauffe
fortement au passage du courant. Le courant circule
grâce à un fil conducteur. Il entre par le plot et ressort
par le culot (ou inversement).

ampoule en verre
filament
culot en laiton
fil conducteur
plot en étain
symbole de l'ampoule

● Des circuits électriques simples

Dans un circuit fermé, le courant va de la borne + vers la borne − de la pile.

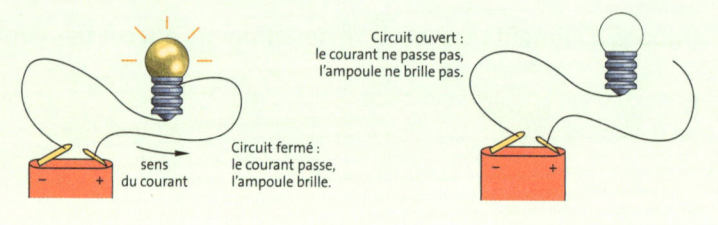

Circuit ouvert :
le courant ne passe pas,
l'ampoule ne brille pas.

sens du courant

Circuit fermé :
le courant passe,
l'ampoule brille.

Savoir faire

● Réaliser des montages, analyser, schématiser

ampoule témoin

Réaliser des montages	Analyser	Schématiser
	Chaque ampoule brille moins que l'ampoule témoin. En supprimant une ampoule, on ouvre le circuit et les deux autres s'éteignent. Ces trois ampoules sont branchées **en série**.	
	Chacune des trois ampoules brille autant que l'ampoule témoin. Si l'on supprime une ampoule, les autres continuent à fonctionner. Ces trois ampoules sont branchées **en parallèle**.	

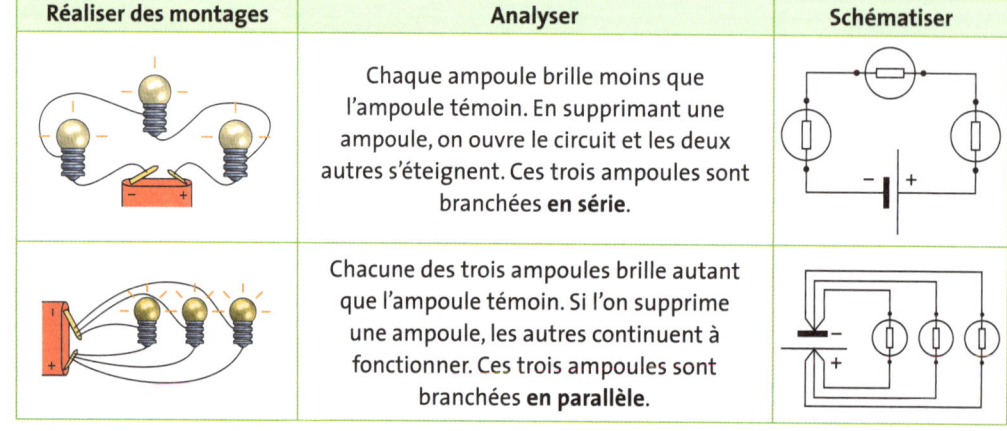

1 ★
Place les fils correctement de façon que l'ampoule s'allume.

Je m'évalue ☐☐☐

 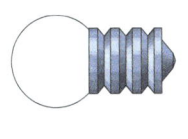

2 ★★
Observe le montage présenté ci-dessous.

Je m'évalue ☐☐☐

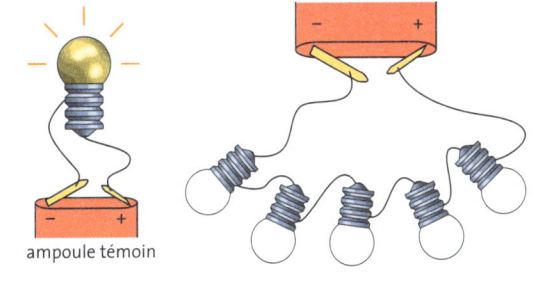

ampoule témoin

a. S'agit-il d'un branchement en série ou en parallèle ?

....

....

b. Chaque ampoule éclairera-t-elle autant que l'ampoule témoin ? ....

....

3 ★★
Réalise le schéma du montage de l'exercice précédent.

Je m'évalue ☐☐☐

4 ★★★
Dans les montages ci-dessous, l'ampoule ne s'allume pas.

Je m'évalue ☐☐☐

Explique pourquoi.

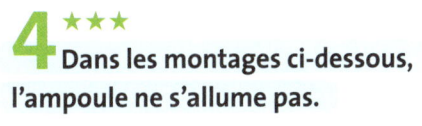

bouchon de liège

cuillère métallique

....

....

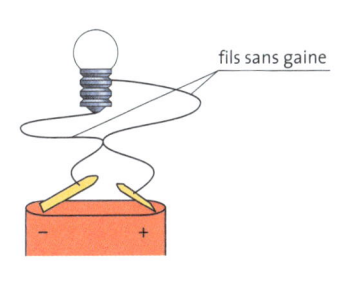

fils sans gaine

....

....

Pourquoi peut-on dire que, dans le montage B, il y a un court-circuit ?
Repasse en rouge le trajet du courant électrique.

....

....

5 ★★★
Indique si les ampoules s'allument.

Je m'évalue ☐☐☐

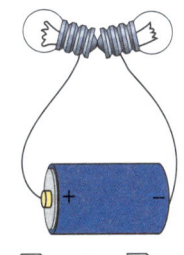 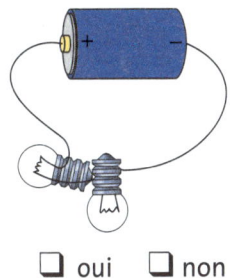

☐ oui ☐ non   ☐ oui ☐ non

Si une ampoule ne s'allume pas, rectifie le montage pour qu'elle éclaire.

Français · Maths · Hist.-Géo – EMC / Histoire des arts · **Sciences et technologie** · Anglais · Évaluations · Code informatique

7 Le système solaire

OBJECTIF • Comprendre le mouvement de la Terre et des autres planètes autour du Soleil

Savoir

Le système solaire comprend **huit planètes** qui tournent autour d'**une étoile : le Soleil**. Certaines planètes possèdent un ou plusieurs satellites, ainsi la **Lune** est le **satellite** de la Terre, notre planète. Des astéroïdes (petits corps rocheux) se trouvent entre l'orbite de Mars et celle de Jupiter.

● **Les huit planètes**

● Les plus proches du Soleil sont : **Mercure**, **Vénus**, **la Terre** et **Mars**. Elles ont un sol constitué de **roches** désertiques. Notre **Terre** est la seule planète dont la surface est recouverte d'océans et de continents. C'est aussi la seule à être entourée d'une **atmosphère** fournissant l'oxygène nécessaire à la vie.

● Les planètes les plus éloignées du Soleil sont : **Jupiter**, **Saturne**, **Uranus** et **Neptune**. Elles n'ont pas de sol et sont formées de **gaz**. Les deux « géantes » du système solaire sont aisément repérables : **Jupiter** entourée de ses gros satellites et **Saturne** célèbre pour ses **anneaux**.

Savoir faire

● **Établir un tableau pour classer des informations scientifiques**

● **Écris** les noms des rubriques qui figureront dans le tableau et trace les colonnes.

● **Dresse** verticalement la liste des huit planètes.

● **Cherche** les renseignements qui caractérisent chacune des planètes et **complète** le tableau. (Utilise une encyclopédie.)

Les planètes du système solaire		
Distance par rapport au Soleil (en millions de km)	**Diamètre (en km)**	**Durée d'une rotation sur elle-même**
Mars	228	6 794	24 h 37 min
Uranus	2 869	50 800	17 h
Mercure	58	4 878	58 j
Terre	149	12 756	23 h 56 min
Saturne	1 427	120 660	10 h 14 min
Vénus	108	12 104	243 j
Jupiter	778	142 880	9 h 55 min
Neptune	4 505	49 560	16 h 03 min

Faire

Je m'évalue
☐ ☐ ☐

1★

Écris les noms des huit planètes de notre système solaire.

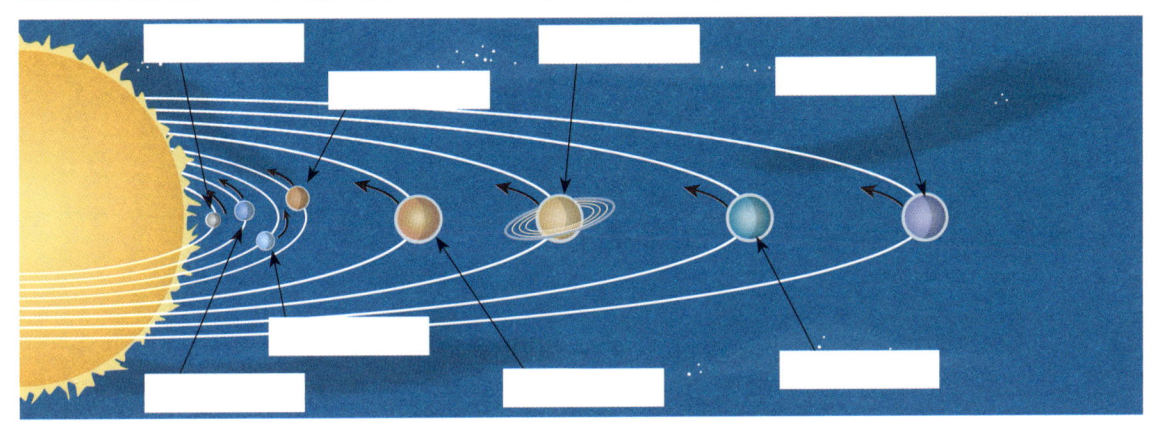

Je m'évalue
☐ ☐ ☐

2★★

Réponds aux questions suivantes.

Aide-toi d'une encyclopédie.

a. Qui a découvert que la Terre tournait autour du Soleil ?
– Galilée ☐
– Léonard de Vinci ☐
– Copernic ☐

b. À quoi sert l'étoile Polaire ?
– à reconnaître le pôle Nord ☐
– à reperer le Nord ☐
– à reconnaître le pôle Sud ☐

c. Une galaxie est un ensemble...
– de planètes ☐
– de milliards d'étoiles ☐
– de satellites ☐

d. La Terre tourne entre :
– Vénus et Mars ☐
– Mars et Jupiter ☐
– Jupiter et Saturne ☐

e. Quel est le nom du premier homme qui a marché sur la Lune en 1969 ?
– Edwin Aldrin ☐
– Youri Gagarine ☐
– Neil Armstrong ☐

f. Quel est le nom de notre galaxie ?
– la Grande Ourse ☐
– la Voie lactée ☐
– Andromède ☐

Je m'évalue
☐ ☐ ☐

3★★★

À l'aide des renseignements suivants, dresse un tableau sur une feuille, comme dans le *Savoir faire*, pour mettre en évidence les caractéristiques des huit planètes.

(Aide-toi d'une encyclopédie ou d'Internet.)

Durée d'une révolution autour du Soleil →

11 ans 384 jours ;	164 ans 280 jours ;	88 jours ;
225 jours ;	1 an ;	1 an 321 jours.
84 ans 7 jours ;	29 ans 167 jours ;	

Nombre de satellites autour de chaque planète →

2 ; 27 ; 1 ; 14 ; 62 ; 67

Français

Maths

Hist.-Géo – EMC
Histoire des arts

Sciences et technologie

Anglais

Évaluations

Code informatique

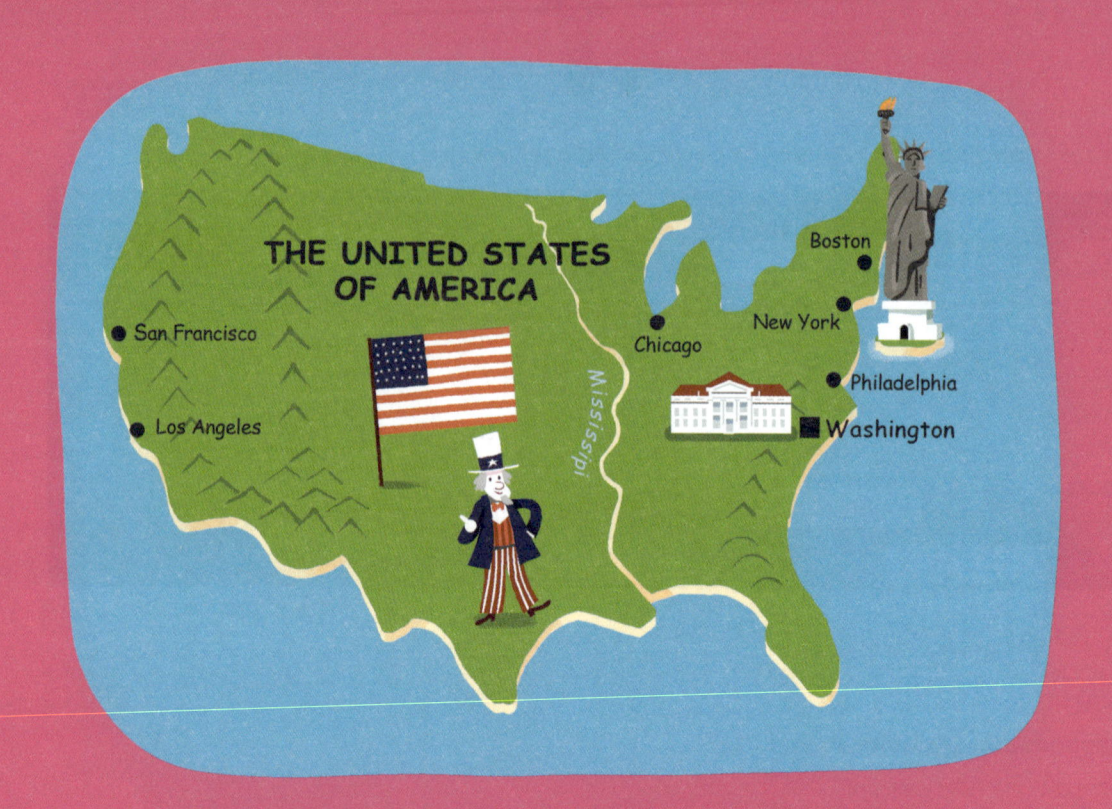

THE UNITED STATES OF AMERICA

San Francisco
Los Angeles
Chicago
Boston
New York
Philadelphia
Washington
Mississipi

SCOTLAND
NORTHERN IRELAND
Edinburgh
Belfast
Dublin
Nottingham
Cardiff
London
Thames
IRELAND
WALES
ENGLAND

GREAT BRITAIN

Anglais

1 Les sentiments / Feelings

Savoir

Voici des adjectifs qualificatifs qui expriment des sentiments :

sad
(triste)

happy
(heureux)

tired
(fatigué)

angry
(en colère)

scared
(effrayé)

Savoir faire

● **Exprimer des sentiments**

Le verbe **être** au présent + l'adj. qualificatif
I'm happy (je suis heureux).
She's angry (elle est en colère).
They're scared (ils sont effrayés).

● **Conjuguer le verbe Être (to be)**

I am (I'm)   We are (we're)
You are (you're)   You are (you're)
He is (he's), she is (she's), it is (it's)   They are (they're)

> **L'INFO CULTURELLE**
>
> On célèbre la **Saint-Valentin** aux États-Unis et en Grande-Bretagne. Le 14 février, chaque année, on offre des cadeaux et on envoie des cartes à tous ceux qu'on aime. Aux États-Unis, les enfants ont pour habitude de la fêter en classe pour se témoigner leur amitié. Quand on est amoureux, on dit à la personne aimée : « *Be my Valentine!* »

Faire

Je m'évalue ☐ ☐ ☐

1★ Dessine l'expression du visage qui correspond au sentiment.

This is Sarah.
She's happy.

This is Lizzy.
She's sad.

This is Sue.
She's tired.

This is Rick.
He's angry.

This is David.
He's scared.

SARAH — LIZZIE — SUE — RICK — DAVID

Je m'évalue ☐ ☐ ☐

2★★ Remplace le nom par le pronom qui convient, suivi du verbe.

My brother is nine.	....	.... nine.
The three birds are blue.	....	.... blue.
Peter is in the classroom.	....	.... in the classroom.
Alice is American.	....	.... American.
My brother and my father are journalists.	....	.... journalists.

Je m'évalue ☐ ☐ ☐

3★★★ Regarde cette image de la fête d'Halloween. Écris des phrases pour décrire les sentiments des enfants.

Jim : ....

Lisa : ....

Tim and Paul : ....

Paula : ....

2 Les jeux et jouets / Games and toys

Savoir

Voici certains noms de jeux.

Savoir faire

● Demander à quelqu'un ce qu'il possède

Have you got + nom ?
Have you got a cat? (As-tu un chat ?)
Have you got a bike? (As-tu un vélo ?)

● Dire ce que quelqu'un possède

I've (have) got + nom
She's (has) got + nom
He's (has) got + nom
I've (have) got a kite (j'ai un cerf-volant).
He's (has) got a red skateboard (il a un skateboard rouge).
She's (has) got nice rollerblades (elle a de beaux rollers).

L'INFO CULTURELLE

Les Australiens font principalement du **sport** dans leur **temps de loisir**. Leur pays, grâce à ses côtes nombreuses, est un paradis pour toutes les activités nautiques. Mais ce qu'ils aiment par-dessus tout est d'assister à un match de **footy**, mélange de rugby et de foot. Ce sport est très spectaculaire et demande un grand engagement physique de la part de ses 18 joueurs.

Français

Maths

Hist.-Géo – EMC
Histoire des arts

Sciences
et technologie

Anglais

Évaluations

Code
informatique

1 ★
Remets les mots en ordre pour reconstituer les phrases.

Je m'évalue □ □ □

got   big   a   I've   ball.

....

skateboards.   yellow   She's   two   got

....

red   kite.   got   and   He's   a   pink

....

2 ★★
Complète les phrases avec I've got, he's got, she's got.

Je m'évalue □ □ □

I'm Judy; .... a black cat.

My sister Ann likes dogs; .... a white dog.

My friend Tim loves football; .... a big brown ball.

My dad plays rugby; .... big hands.

3 ★★★
Écris la réponse à la question.

Je m'évalue □ □ □

Exemple :

> Have you got any pets?

Yes, I've got two cats and one dog.

> Have you got any yellow kites?

> Have you got any brothers and sisters?

> Have you got a bike?

3 Combien ... ? / How many ... ?

Savoir

Voici les nombres de 11 à 20.

11	12	13	14	15
eleven	twelve	thirteen	fourteen	fifteen

16	17	18	19	20
sixteen	seventeen	eighteen	nineteen	twenty

Savoir faire

● **Poser la question :** *combien y a-t-il de...*

How many + nom + are there ?

How many sweaters are there? (Combien de pulls y a-t-il ?)

● **Répondre à la question :** *combien y a-t-il de...*

• Au pluriel, **there are + nombre + nom au pluriel**
There are fifteen sweaters.

• Au singulier, **there is + one + nom au singulier**
There is one cap.

L'INFO CULTURELLE

On trouve dans les **pays Anglophones** de très **grandes villes**. Ces chiffres vont peut-être te surprendre !
Mumbaï, en Inde, a une population de près de 12 millions d'habitants. New York en possède près de 8 millions. À Sydney, la plus vieille ville d'Australie, vivent 4 millions de personnes, et plus près de nous, Londres en compte près de 8 millions aujourd'hui.

1★
Remets les mots en ordre et relie-les aux nombres correspondants.

Je m'évalue ☐☐☐

vetewl	•	• 11
nrteheit	•	• 15
wyetnt	•	• 18
getnehei	•	• 20
levene	•	• 17
nesvetnee	•	• 12
tfeneif	•	• 13

2★★
Entoure la bonne réponse.

Je m'évalue ☐☐☐

There is

    eleven kites in the sky.

There are

There are

    one yellow cap in the shop.

There is

    There are

        fifteen candles on my birthday cake.

    There is

    There is

        one bird in my garden.

    There are

3★★★
Écris en lettres la somme que possède chaque personnage.

Je m'évalue ☐☐☐

This is Sue's pocket money, she's(has) got
.... euros.

This is Mark's pocket money, he's(has) got
.... euros.

This is Luke's pocket money, he's(has) got
.... euros.

This is Melody's pocket money, she's(has) got
.... euros.

Français | Maths | Hist.-Géo – EMC Histoire des arts | Sciences et technologie | **Anglais** | Évaluations | Code informatique

Français

1. Que signifie le mot « centre » dans la phrase ci-dessous ?

Léa est au centre du terrain de handball.

....

... **0,5**

2. Dans la liste suivante, entoure en rouge le synonyme de « commencer » et en bleu son contraire.

agir – terminer – continuer – débuter

... **1**

3. Barre l'intrus dans cette famille de mots.

transport – apporter – portable – portion

... **0,5**

4. Entoure deux déterminants et relie-les aux noms qu'ils complètent.

Ce matin, mon père a pris le train avec des amis

... **1**

5. Souligne chaque groupe nominal et entoure le nom noyau.

Cette jeune chanteuse française a un succès international.

... **2**

6. Encadre le sujet dans chaque phrase.

● Les rues du village, le soir, sont désertes.

● Dans le lointain, s'élèvent des fumées.

... **1**

7. Souligne en bleu l'adjectif épithète et en rouge l'adjectif attribut. Relie chaque adjectif nom qu'il complète.

Tu as une nouvelle raquette ? Ces pavillons semblent neufs.

... **1**

8. Complète la phrase en ajoutant deux compléments du nom. Utilise deux prépositions différentes.

Une tasse .... est posée sur la table

....

... **1**

9. Recopie la phrase en remplaçant les groupes soulignés par des pronoms personnels.

Les touristes visitent le château.

....

... **1**

10. Lis la phrase. Recopie un complément du verbe puis un complément de phrase

Le facteur distribue les lettres dans le village. ....

....

... **1**

11. Écris au présent.

● avancer : elles ....

● réfléchir : je ....

● dire : vous...

● pouvoir : tu...

... **2**

12. Écris au temps indiqué.

● imparfait : nous *(étudier)* ....

● passé simple : ils *(pouvoir)* ....

● futur : tu *(grandir)* ....

● passé composé : elles *(venir)* ....

... **2**

13. Écris au pluriel.

des *(journal)* .... – des *(jeu)*

.... – des *(pou)* .... – des *(ba*

l)...........................

... **2**

14. Fais les accords. Écris les verbes au présent.

De fort..... chutes de neige sont annonc...... .

Ils aim........... ces chocolats noir...... que leur

offr.......... leur gentil...... grand-mère. ... **2**

15. Entoure l'homophone qui convient.

Elle *se/ce* regarde dans le miroir.

C'est/s'est en jouant qu'il est tombé.

*On/on n'*a pas vu *ou/où* est la clé.

... **2**

Maths

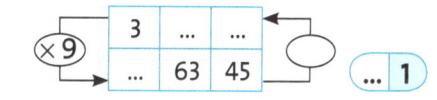
PROCHE

1. Écris en chiffres ou en lettres :

- quatre-cent-vingt-sept-mille-huit : ....
....
- 907 108 : ....
.... `... | 1`

2. Classe dans l'ordre croissant.
770 770 ; 707 077 ; 707 007 ; 777 707
.... `... | 1`

3. Écris la fraction de la bande qui est en rouge.

4. Entoure la fraction plus petite que 1.
$\dfrac{4}{7}$ $\dfrac{8}{3}$ $\dfrac{5}{5}$ $\dfrac{12}{7}$ `... | 0,5`

5. Écris en chiffres ou en lettres :

- quinze unités trois dixièmes : ....
- 7,25 : .... `... | 1`

6. Souligne le plus petit nombre.
Entoure le plus grand.
4,6   4,16   4,15   4,06   4,1   `... | 1`

7. Écris • la fraction égale à 0,16 : ....

- le nombre décimal égal à $\dfrac{31}{10}$: ....
`... | 1`

8. Pose et effectue sur une feuille :

- 428 732 + 85 037
- 786 402 − 39 685   `... | 1`

9. Pose et effectue sur une feuille.

- 973,3 + 15,17
- 496 − 206,12   `... | 1`

10. Même consigne.

- 975 × 100   • 127 × 65
- 425 : 5   • 816 : 24   `... | 2`

11. Complète ce tableau de proportionnalité.

×9	3	...	...
	...	63	45

`... | 1`

12. Complète.

- Un triangle isocèle a ....côtés égaux.
- Deux figures que l'on peut superposer par pliage sont ....
- Un angle obtus est plus .... qu'un angle droit.
- Les diagonales d'un rectangle se coupent en leur ....   `... | 2`

13. Sur une feuille, construis un losange dont les diagonales mesurent 6 cm et 4 cm.   `... | 1`

14. Transforme comme indiqué.

- 400 cm = ... m
- 9 km = ... m
- 50 hg = ... kg
- 8 L = ... cL
- 8h 20 min = ... min
- 156 s = ... min .... s   `... | 3`

15. Quel est le périmètre d'un rectangle de 75 m de long et de 26 m de large ?
.... `... | 1`

16. Résous ce problème sur une feuille.
Écris ta réponse sous le problème.
Pour la fête de l'école, on a vendu 500 billets de tombola à 3 € l'un. Les jeux ont rapporté 912 €.
Combien la fête a-t-elle rapporté à chacune des 6 classes ?
.... `... | 2`

Français · Maths · Hist.-Géo – EMC / Histoire des arts · Sciences et technologie · Anglais · Évaluations · Code informatique

Histoire-Géographie-Enseignement moral et civique

1. Numérote dans l'ordre de 1 à 3.

.... Âge des métaux

.... Âge de la pierre polie

.... Âge de la pierre taillée

... 1

2. Complète.

Le général romain .... fit la conquête de la Gaule. Il vainquit le chef gaulois .... à .... Les Gaulois devinrent des ....

... 2

3. Relie comme il convient.

Charlemagne •   • roi en 987

Clovis •   • roi en 481

Hugues Capet •   • roi en 768

... 1

4. Barre ce qui ne se rapporte pas à la Renaissance.

Château de Chambord – Saint-Louis – François 1er – Léonard de Vinci – Les croisades – Rabelais.

... 1

5. Complète.

Les guerres de religion ont opposé les .... et les .... Le roi .... a mis fin à ces guerres en signant ....

... 2

6. Entoure les personnages de l'époque de Louis XIV.

Molière – Colbert – Ronsard

... 1

7. Quel événement a eu lieu ;

• le 14 juillet 1789 : ....

• le 22 septembre 1792 : ....

... 1

8. Souligne ce que l'on doit à Bonaparte.

le franc – la légion d'honneur – les lycées – la Tour Eiffel – le baccalauréat.

... 2

9. Pour la France, cite :

• une montagne jeune : ....

• une ville au climat océanique : ....

• le nombre de départements : ....

• le nombre de régions : ....

... 2

10. Entoure :

• le nombre d'États de l'UE.

26 – 98 – 28 – 101

• le plus long fleuve européen.

le Rhin – la Volga – le Danube

... 1

11. Barre les propositions fausses.

• La population française vit surtout : dans les villes – à la campagne.

• La population européenne vit surtout : au Nord – au Sud – à l'Ouest de l'Europe.

... 1

12. Complète.

La Terre compte .... continents et .... océans. Elle est partagée en deux hémisphères par .... Une représentation de la Terre à plat est ....

... 2

13. Indique le nom qui convient.

• Un panneau d' .... est bleu.

... 0,5

14. Écris VRAI ou FAUX.

Un enfant né à l'étranger de parents français n'est pas français. ....

... 0,5

15. Complète.

• L'euro est utilisé dans .... États de l'UE.

• L'espace Schengen compte .... États.

• Cet espace permet la libre .... des biens et des ....

... 2

Livret Parents – Corrigés p. 22

TOTAL : 20

Sciences

1. **Complète les phrases avec les mots** mélange, solution, filtration **et** évaporation.

- Eau + sel = ...
- Eau + sable = ...
- La séparation des éléments d'une solution se fait par ....
- Pour séparer deux éléments d'un mélange, il faut réaliser une ....

.../ 2

2. **Écris R pour** énergie renouvelable **et NR pour** énergie non renouvelable.

- pétrole : ....
- éolienne : ....
- uranium : ....
- solaire : ....

.../ 2

3. **Comment appelle-t-on une solution dans laquelle on peut plus dissoudre du sucre ?**

....
....
....

.../ 1

4. **Complète les phrases avec les mots** marmotte, renard **et** hirondelle.

- hiberne en hiver : ....
- migre dans des pays chauds en hiver :
....
- mange de petits rongeurs en hiver :
....

.../ 2

5. **Complète.**

Pour vivre, une plante puise dans le sol de l'............................... et des ....
.... Grâce à la lumière et à la chlorophylle, les plantes vertes absorbent le .... contenu dans l'air et rejettent de l'............................... .

.../ 2

6. **Complète.**

Pour une bonne germination, une plante a besoin d'..........................., d'........................... et de .... Une fois sortie de terre, elle aura en plus besoin du ....

.../ 2

7. **Complète par** bâtisseurs **ou** énergétiques :

- les protides : ....
- les glucides : ....
- les lipides : ....

.../ 3

8. **Qu'est-ce qu'une alimentation équilibrée ?**

....

.../ 1

9. **Barre ce qui est faux.**

- Pour qu'un circuit électrique fonctionne, il faut qu'il soit ouvert / fermé.
- Plusieurs ampoules branchées en série brillent moins / plus / autant qu'une ampoule seule.

.../ 2

10. **Dessine les fils afin que l'ampoule s'allume.**

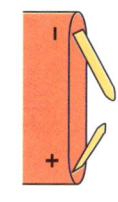 

.../ 1

11. **Complète.**

Le système solaire compte .... planètes. La plus proche du Soleil est .... la plus éloignée est .... et la plus grosse est .... La Terre est entourée d'une .... qui permet la vie.

.../ 2

Initiation au code

Dans la langue de Tribot le robot, un mot correspond à une action. Pour communiquer avec lui pendant sa mission sur la Lune, tu vas lui envoyer des messages contenant des instructions, c'est-à-dire des ordres à exécuter.

Défi 1 – mode d'emploi

- Chaque instruction correspond à une action du robot. Par exemple, si tu veux lui dire : « Avance », il faut dessiner dans ton message une flèche vers le haut : ⬆ .

Mais attention, Tribot ne comprend que certains dessins. Tu devras donc lui indiquer ce qu'il doit faire en utilisant uniquement les dessins suivants :

| AVANCER | PIVOTER À DROITE | PIVOTER À GAUCHE | SAUTER | RAMASSER |

- Si tu veux que Tribot avance de 2 cases, il faut que tu lui donnes 2 instructions : « Avance » – « Avance ». Dans le message que tu lui envoies, tu dois donc dessiner 2 fois une flèche vers le haut :   .

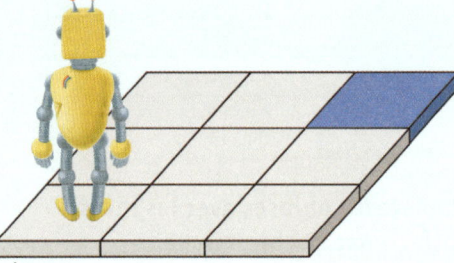

À toi maintenant !

Tribot doit aller ramasser des éclats de météorites sur la case bleue.
REGARDE BIEN LE CHEMIN QU'IL DOIT PARCOURIR, ET COMPLÈTE LE MESSAGE À LUI ENVOYER. TU DOIS DESSINER LES DEUX DERNIÈRES INSTRUCTIONS :

| AVANCER | AVANCER | PIVOTER À DROITE | AVANCER | AVANCER | RAMASSER |

avec Tribot le robot

Tribot a fait une étonnante découverte : un trésor plein de pierres de Lune et de poudre d'étoiles filantes ! Il t'indique quel chemin emprunter pour le trouver. Bien entendu, Tribot n'a pas fait le moindre effort pour apprendre le langage humain. Sauras-tu déchiffrer son message ?

Défi 2 – mode d'emploi

- Voici le message de Tribot :

- Tu peux maintenant comprendre ton ami robot : il utilise toujours le même code pour te parler !

> ⚠ **Attention**
> Lorsque Tribot saute, il arrive sur la case située devant lui.

À toi maintenant !

Décode le message de Tribot et coche la case qui correspond à l'emplacement du trésor.

> ⚠ **Astuce**
> Écris d'abord le message en langage humain sous chaque case.

Français

Maths

Hist.-Géo – EMC
Histoire des arts

Sciences
et technologie

Anglais

Évaluations

Code
informatique

Initiation au code

Tribot est maintenant en mission sur la planète Vénus. Pour économiser sa batterie et lui envoyer des messages courts, tu vas apprendre à utiliser des procédures.

Défi 3 – mode d'emploi

• Une procédure, c'est plusieurs instructions que l'on regroupe ensemble. Par exemple, si ton professeur te dit : « Va au tableau ! », c'est une procédure. En fait, cela signifie : « Lève-toi. – Avance de 10 pas. – Prends la craie. » Mais tu sais par habitude que tu dois effectuer toutes ces actions.

• Tribot fonctionne de la même manière.
Pour lui dire d'avancer 3 fois :

– tu peux lui donner 3 instructions : ⬆️ ⬆️ ⬆️

– ou une seule, en utilisant une procédure : P1

Pour cela, il faudra apprendre à Tribot que : P1 = ⬆️ ⬆️ ⬆️

• Les procédures sont très utiles quand il faut exécuter plusieurs fois une même suite d'instructions. Si tu veux que Tribot avance 3 fois, puis saute, puis avance 3 fois, tu peux lui dire :

⬆️ ⬆️ ⬆️ ↗️ ⬆️ ⬆️ ⬆️

Mais Tribot préfèrera que tu lui dises : P1 ↗️ P1

C'est bien plus rapide et plus pratique !
Désormais, quand tu t'adresses à Tribot, tu peux lui décrire une procédure avant de lui envoyer le message qu'il devra exécuter.

À toi maintenant !

Si tu apprends à Tribot que P1 = ⬆️ ↗️ ⬆️

Le message ⬆️ ↗️ ⬆️ ⬆️ ↗️ ⬆️ peut aussi s'écrire :

☐ ☐
....

avec Tribot le robot

Tribot vient de recevoir un signal inconnu qui indique un chemin à suivre. Et comme il n'a pas encore l'habitude de déchiffrer des procédures, il compte sur toi pour lire le message !

Défi 4 – mode d'emploi

Pour comprendre le message, Tribot doit d'abord apprendre la procédure suivante :

À toi maintenant !

Déchiffre le message pour Tribot, trace son parcours et fais une croix sur la case d'arrivée.

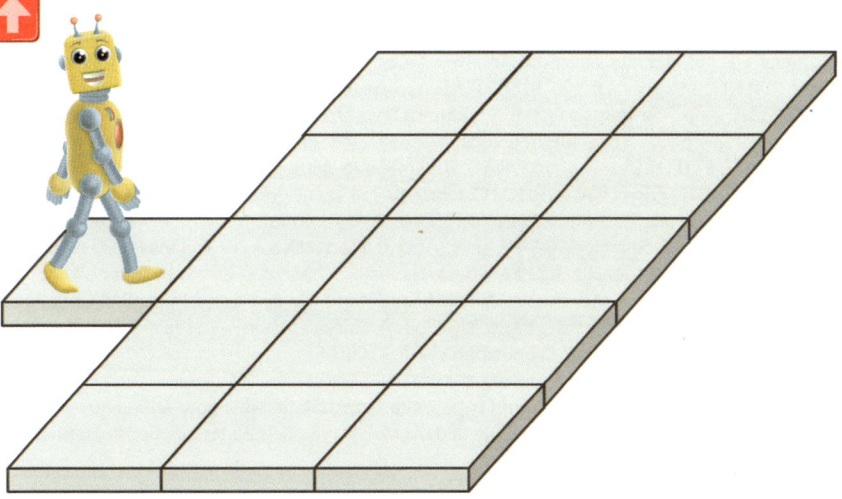

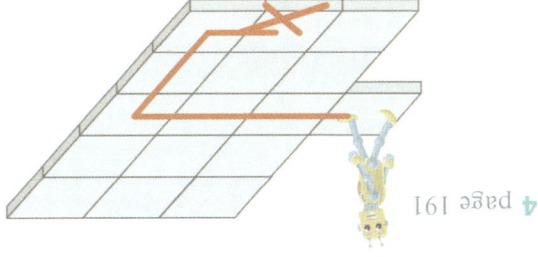

4 page 191

3 page 190

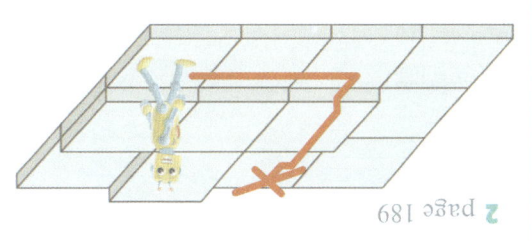

2 page 189

1 page 188

CORRIGÉS

191

Création maquette : Dimitri Maj, Cécile Gallou
Création couverture : Cécile Gallou
Mise en pages : Facompo
Suivi éditorial : Caroline Lesellier-Aussal
Infographie et cartographie : Vincent Landrin
Iconographie : Nathalie Bocher-Lenoir, Danièle Portaz, Sylvie Boix

Régie publicitaire : Com d'habitude publicité 05 55 24 14 03 contact@comdhabitude.fr

MIXTE
Papier issu de
sources responsables
FSC® C022030

N° projet : 10245051
Dépôt légal : mai 2018
Imprimé en France par Loire Offset Titoulet
N° imprimeur : 201802.0422

L'Union européenne

1: SLOVÉNIE
2: MONTÉNÉGRO
3: KOSOVO
4: MACÉDOINE

NORVÈGE

SUÈDE — Stockholm
FINLANDE — Helsinki

MER DU NORD

IRLANDE — Dublin
DANEMARK — Copenhague

MER BALTIQUE

ESTONIE — Tallinn
LETTONIE — Riga
LITUANIE — Vilnius

RUSSIE

ROYAUME-UNI — Londres
PAYS-BAS — La Haye, Amsterdam
Berlin

BIÉLORUSSIE

OCÉAN ATLANTIQUE

Bruxelles
BELGIQUE — Paris
ALLEMAGNE
LUXEMBOURG — Luxembourg
FRANCE
Strasbourg

POLOGNE — Varsovie
RÉP. TCHÈQUE — Prague
SLOVAQUIE — Bratislava
UKRAINE

SUISSE
AUTRICHE — Vienne
ITALIE — Rome
1 Ljubljana
Zagreb
CROATIE
BOSNIE
SERBIE
2   3

HONGRIE — Budapest
ROUMANIE — Bucarest
MOLDAVIE

MER NOIRE

PORTUGAL — Lisbonne
ESPAGNE — Madrid

Sofia
BULGARIE

MER MÉDITERRANÉE

4

ALBANIE

GRÈCE — Athènes

TURQUIE

MAROC
ALGÉRIE
TUNISIE
MALTE — La Valette
CHYPRE — Nicosie
SYRIE

0   500 Km

Légende :

- L'Europe des Six en 1957
- Pays entrés en 1973
- Pays entré en 1981
- Pays entrés en 1986
- Pays entrés en 1995
- Pays entrés en 2004
- Pays entrés en 2007
- Pays entré en 2013

Cartographie : Didier Marandin

De la préhistoire...

LA PRÉHISTOIRE	L'ANTIQUITÉ	LE MOYEN ÂGE	XVIᵉ SIÈCLE
	-700	500	1500

ARTS, ARCHITECTURE, INVENTIONS, DATES-CLÉS, ...

- **4000 avant J.-C. :** début de l'agriculture

- **52 avant J.-C. :** Jules César bat Vercingétorix à Alésia
- **52 à 44 avant J.-C. :** Jules César devient le maître de Rome

- **476 :** chute de l'empire romain d'Occident
- **800 :** Charlemagne est sacré empereur

- **1450 :** la presse à imprimer de Gutenberg
- **1492 :** Christophe Colomb découvre l'Amérique

les grottes de Lascaux : peintures rupestres

premières traces d'écriture

un croisé sur son cheval

le moulin à eau

La Joconde de Léonard de Vinci

la taille du silex

la faucille

la charrue gauloise

la bombarde

Notre-Dame de Paris

la lunette de Galilée

une hutte gauloise

le pont du Gard

le château fort

Le château d'Azay-le-Rideau